婚活との付き合いかた

婚活市場でこじらせないための行為戦略

㊟ 高橋勅徳　オオノリサ

中央経済社

はじめに

高橋　勅徳

婚活を前向きに取り組むために、私たちはどうすればよいのでしょうか？

リクルートの調査によれば、２０２１年に結婚された方の34・１％が婚活支援サービスを利用しており、実際にサービスの利用を通じて結婚された方は15・１％となると報告されています[1]。今や配偶者探しにこれらのサービスを利用することは、当たり前の時代になりました。

２００８年に家族社会学者である山田昌弘先生が、少子化の解消を意図して生み出した「婚

1　ブライダル総研「婚活実態調査」(https://souken.zexy.net/research_news/konkatsu.html) ２０２２年12月24日確認。

活」という言葉は、15年の時を経てもはや日常と言ってよいところまで普及したといっても過言ではないと思います。

出会いが少なくなった男女に、理想の配偶者と出会える場を！

多くの人々に素敵な出会をという、善意に基づくサービスの提供によって広がり、定着していった婚活の現在は、必ずしも芳しいものではないように思えます。

ＳＮＳ上では、女性が求める理想の男性像との乖離を埋めるために、自分磨きを続けた果てに、身も心も擦り切れて結婚そのものに希望を見出すことができなくなった男性たちの声が渦巻いています。

女性からは、婚活で理想の男性に出会えないだけでなく、婚活カウンセラーから「理想が高すぎる」と説教された上に、交際するにも不本意な男性を目の前にして「妥協しろ」と周りから迫られる理不尽への嘆きが湧き上がっています。

男女それぞれに事情は異なりますが、婚活を通じて結婚そのものに希望を見出せなくなるだけでなく、男女の間で愛憎入り交じる分断まで生じかねない状況になりつつあるのは、皮肉な結果でしかありません。

とはいえ、様々なサービスを利用して婚活をし、恋人や配偶者を探すことが、もはや当然の社会になったことに、文句を言っても仕方ありません。今や「婚活サービスを利用するということは、そういうことである」ということを受け入れた上で、男女それぞれが納得して、「婚活と上手く付き合う」道を考えなければならない。そういう時代になったのだと思います。

婚活＝自己責任論を見直そう

ところで、「婚活と上手く付き合う」道を探るにあたって、どうにも気になることがあります。

なぜ、上手く婚活が進まない男性は、収入や容姿、果ては話し方や考え方まで、これまでの人生そのものを全否定されるほど非難されなければならないのでしょうか？

なぜ、今後の人生を左右する重要な活動であり、より良い男性を探し出し、選ぼうとする女性の婚活が、「現実を見ていない選り好み」だと過剰に叩かれてしまうのでしょうか？

結婚できるかどうかは、各人の個人の努力と心がけ、そして多少の運……確かにそれは事実かもしれません。何も努力をしない男性や、現実性のない理想の男性像を追い求める女性を肯定するわけではありませんが、婚活の成否を当事者の属性や心がけに求めてあげつらう、過剰な自己責任論に傾きすぎているようにも思えます。

もし、様々なサービスを利用して婚活をするという行為そのものが、「これまで積み重ねてきた努力や経験を無効化」していたり、「異性を選ぶ際の選り好みを無自覚のうちに促進している」という、独特の作用を持っているとしたら、婚活は周りの人々からの非難や説教でどうにかなるものといえるでしょうか？

筆者は、婚活サービスの利用がもたらす、このような独特の作用を見落としたまま自己責任論で婚活に臨むことは、極めて危険だと考えています。婚活の成否は自分に帰属する、そういう考え方が、全体としては不幸をエスカレートさせているだけなのかもしれないのですから。

婚活市場の力学2.0と行為戦略としての婚活戦略

２０２１年に本書の筆者の一人である高橋が発表した『婚活戦略：商品化される男女と市場の力学』は、婚活の当事者であった筆者の視点から、「婚活サービスを利用して婚活に挑むことで、どんどん結婚から遠のき、疲弊の先に結婚そのものを諦める」という不条理を、婚活市場の力学として描きました。

その本で高橋が描いたのは、既存の人間関係のしがらみから解放された状態で、気力と体力と財力が続く限り、無限に異性と出会う場が用意されたことで、「理想的な結婚生活」を夢見て「理想の配偶者」を探索するために、職業・年収・学歴・家族構成・容姿といった属性で異性を比較考量していくことの過酷さです。

他方で、高橋が婚活していたのと同時期（２０１９―２０２０年）に、同じようにサービスを利用して結婚できた男女がいたことも、動かすことのできない事実です。過酷な婚活市場の現実を乗り越えた、彼・彼女らの努力は確かに美しい。だからこそ、研究書から婚活マニュアル本に至るまで、男性は心折れることなく自分磨きとアプローチを継続し、女性は選り好みを自制して現実的な男性を探索することを、婚活に成功するための必須事項と捉え、それを前提に婚活戦略を提案してきました。

この「努力と自制」の一言に集約される従来の婚活戦略に対して、本書は少し異なるアプローチを試みたいと思います。

近年の経営学では、抽象化・一般化された戦略論に対して、自身を取り囲む制度的環境をレバレッジとして利用し、競争優位を獲得しようとする人々の多様な実践を行為戦略として分析対象としています。そこで本書では、「努力と自制」が一般化された婚活戦略に対して、それぞれに異なる事情を抱える男女が、婚活市場の力学と上手く付き合い、弱点を隠して価値を演出していく、より具体的な行為戦略として婚活戦略を問い直していきたいと思います。

本書が描く婚活市場の力学2.0と行為戦略としての婚活戦略の記述を通じて、1人でも多くの婚活男性・婚活女性の方の「幸せ」と、婚活支援サービス業者さまの業務改善につながれば幸いです。

２０２２年12月24日　自宅にて。

婚活との付き合いかた——目次

第1部

婚活を難しくする、市場の力学と男女の行為を知ろう

はじめに…1
婚活＝自己責任論を見直そう　3
婚活市場の力学2.0と行為戦略としての婚活戦略　5

1　女子大生にとっての婚活というリアル…18
2　「選べない疲労」：マッチング・アプリを使った婚活…21
2.1　マッチング・アプリへの登録　21
2.2　気がつくと、イケメンを選んでしまう理由　25
2.3　繰り返される「同じようなやり取り」　27
3　対面の罠…30
3.1　婚活パーティーへの期待　32
3.2　男性のパターン化された行動　34
3.3　気がつくと、相手を減点法で評価してしまう　38
4　婚活市場における女性の分類…41
4.1　女性は婚活市場で「こじらせる」　41

4.2 婚活市場から撤退する女性、適応する女性、こじらせる女性 44

5 婚活市場の力学から問題を考え直す…49

5.1 改めて、女性による「選り好み」の発生原因を考え直してみよう 49

5.2 ショットガン・アプローチによる男女の「モノ化」 51

5.3 婚活市場の力学2.0：あたりまえの婚活戦略が婚活の困難を生み出す！ 54

第2部 婚活戦略 男性編

1 男性はどう、婚活市場と付き合うことができるのか？…65

1.1 恋愛資本の有無から、最適な婚活支援サービスをまず考えよう 65

1.2 婚活市場の力学の基本を押さえよう 70

2 恋愛弱者男性に可能な婚活戦略とは？…73

2.1 婚活市場の力学を利用するために、恋愛弱者男性にとって最適・最悪の選択は何か？ 73

2.2 恋愛弱者男性のターゲットになる女性は誰か？ 77
2.3 コミュニケーションの円滑化のために趣味を極めてみよう 79
2.4 婚活市場とはターゲットを細分化することができる場である 82

3 恋愛強者・恋愛過多男性のための婚活戦略……84
3.1 恋愛強者・恋愛過多男性が婚活市場を利用するにあたっての注意点 84
3.2 恋愛強者・恋愛過多男性のターゲットとは？ 86
3.3 恋愛強者・恋愛過多男性に最適な婚活サービス 91
3.4 選択肢を限定するために婚活支援サービスを利用しよう 93

4 婚活市場の「外」にユートピアはあるのか？……95

第3部

婚活戦略 女性編

1 婚活女性が婚活で迷子にならないために…100
1.1 婚活市場における女性の「こじらせ方」に注目しよう 100
1.2 恋愛強者女性のこじらせ方：恋愛重視と玉の輿狙い 104
1.3 恋愛弱者女性のこじらせ方：付加価値の追求と婚活迷子 110

2 恋愛弱者女性のための婚活戦略…113
2.1 恋愛弱者女性が婚活迷子派にならないためには？ 114
2.2 付加価値を追求する婚活戦略：「条件のインフレ」を目指そう 120
2.3 婚活迷子にならないために「外部装置」として結婚相談所を利用してみよう 123
2.4 恋愛弱者女性が恋愛結婚がしたくてこじらせないために 125

3 恋愛強者女性のための婚活戦略…130
3.1 恋愛強者女性の2類型 130

3.2 恋愛重視派の婚活戦略：「今までの生活では出会えなかった人」と出会う外部装置として婚活サービスを利用する 132
3.3 玉の輿婚派の恋愛戦略：自分の価値は減衰していくことを自覚する 134
3.4 「可視化され、比較される」場で、自分の「価値」を演出しよう 139

4 婚活戦略の新展開…142

4.1 ある日、新宿の喫茶店にて 142
4.2 婚活をエンジョイする？ 145
4.3 恋愛と結婚の分離が生み出す戦略的目標の広がり 147
4.4 ロマンティック・マリッジ・イデオロギーを徹底的に追求しよう 148

第4部

企業編
婚活支援サービス業への提案

1 婚活支援サービス業の新しいビジネスモデルの探索……152
1.1 婚活支援サービス業に共通するビジネスモデル　153
1.2 価格設定による集客と差別化　155
1.3 婚活市場の拡大がもたらす不幸な結末　159
2 婚活市場の現在の仕組みを活かすには？……162
2.1 婚活のボトルネックはどこか？　162
2.2 男女がこじらせた先に求めているもの　165
2.3 正統化の力：仲人機能の強み　167
2.4 婚活スコア制度の提案　169
3 婚活支援サービス業に新しい仕組みはありえるのか？……175
3.1 「ショットガン」や「こじらせ」は物理的に予防できる　175
3.2 値付けマッチング　177
3.3 AIオートマッチングの可能性　179

おわりに

女性にとっての婚活2.0を目指したつもりで…184

改めて、本書の目的を振り返って　184

婚活市場の力学を、女性が知っておくことの意味　186

すべての婚活女性が、納得して交際・結婚できることを願って　190

引用文献一覧　195

第 1 部

婚活を難しくする、市場の力学と男女の行為を知ろう

オオノリサ
●
高橋勅徳

婚活するほど結婚から遠のいてしまう。

この現象は、婚活という言葉が普及し、婚活パーティーや婚活アプリの利用が一般化した頃から見出され、問題提起がなされてきました。実際、学術的には山田昌弘編『「婚活」現象の社会学：日本の配偶者選択のいま』が発表された2010年頃、現場レベルでは2019年頃から、「婚活するほど結婚が遠のいてしまう問題」が指摘されています[1]。そして、この現象の発生原因を「婚活サービスを利用する人々（特に女性）の選り好みが激しくなった」ことに求め、その解法を「現実を直視して、選り好みを自制した現実的な配偶者選択の必要性」に求めるという、学術・現場レベルで奇妙な一致を見せています。

本書が問題視しているのは、「なぜ選り好みが生じるのか？」という現象への問いを不問にしたまま、「男性は己を磨き努力しろ！」「女性は現実を見て自制しろ！」と婚活の成否を個人の自己責任論へと結論づけてしまっていることです。

もちろん、一人ひとりの婚活を観察した研究者や婚活支援サービス業に携わる方々の現場のマイクロな感覚として、「もう少し心折れずに活動を続ければ」「もう少し妥協すれば」結婚できるのに、と考えてしまうことは間違いではないでしょう。ただ、第三者から見れば「少しの妥協や努力」に見えることが、婚活の当事者にとっては「妥協そのものが非合理的な選択」である可能性もあります。これは、当事者を含めて、なぜ、「婚活をするほどに結婚から遠ざかる」という逆説的な状況が生まれるのか、そのメカニズムについて無自覚であるのが原因なのかもしれません。

この問題を解決していくためには、婚活という場で最適だと判断して行動した結果、なぜ結婚から遠のいてしまうのかについて、婚活市場の持つ力学と、その力学を利用して恋人や配偶者を求める男女の行為のレベルから、現象に迫っていく必要があると考えました。

そこで第1部では、なにかと非難されがちな「女性の選り好み」がいかに生じているのかについて、当時女子大生であったオオノリサ（仮名）さんによる婚活のオートエスノグラフィー[2]

1 荒川和久（2019）『結婚滅亡：「オワ婚」時代のしあわせのカタチ』および三島光世（2019）『「普通」の結婚が、なぜできないの？』を参照のこと。

2 オートエスノグラフィーは、研究者がその現象を当事者として体験し、その経験からの告白という記述のあり方が持つ、研究の持つ社会的な影響力を強調する方法である（eg., Adams, 2006; Wyatt, 2008; Ellis, 2002a, 2002b）。この方法では、書き手の特異な経験を告白し、喜びや悲しみ、怒りなどあらゆる感情を読み手に追体験させることで、読み手の内省を引き出し、行動を変えていくことを目指す（eg., Ellis, and Bochner, 2000）。

を手がかりに、検討していきたいと思います。

1　女子大生にとっての婚活というリアル

なぜ私（オオノ）が大学在学中から婚活に手を出したのか。それは極めて単純な理由で、できるだけ早く結婚したいからでした。高校生時代に家庭科の先生に言われた「女はクリスマスケーキ」という恐ろしい文言は、今でも焦りと恐怖を与えてきます。昨今は晩婚化が進んでいるとはいっても、私は遅くとも27歳あたりには結婚していて第一子を身籠るくらいまではいきたいという考えを持っています。妊娠、出産、子育てには体力がいりますよね。理想の男性と出会って、付き合って、同棲して、婚約して、結婚するまでに3年くらいは必要と仮定すると、遅くとも24歳には出会わないといけない。東京都立大学で高橋ゼミに所属し、婚活及び卒論に取り組み始めた時が21歳でした。

あと3年で人生の伴侶と自然に出会う？

コロナ禍で人とまともに接触しなくなったのに？

そもそも大学3年生ともなると出会いは多くありません。アルバイトも大学も人間関係が構築され、新たに出会うのは就活の面接官くらいです。こうなると、自分から出会いを求めて動かないといけない。そこで「じゃあもう婚活しよう！」と思い至りました。幸いなことに、婚活を卒論のテーマにすることを認めてもらえる高橋ゼミに所属していたので、卒論という大義名分を振りかざして出会いを求めることに成功しました。卒論バンザイ。

私が大学在学中に婚活を始めた理由は、「婚期を逃したくない」と、一言でまとめられますが、もう一つの理由もありました。端的に言うと、「良い旦那を捕まえて、労働のプレッシャーから逃げたい」というものでした。男女問わず怒る方、無理もないですが聞いてください。私は専業主婦になりたいわけではありません。むしろ、今のところは働くことが好きだし、バリバリ働いていくつもりです。しかし、現代社会におけるお金問題や女性のキャリア形成、子育てにかかる費用などについて考えたとき、お先はなかなか真っ暗に思えます。終身雇用は終わり、平均年収は下がり、税金は上がり、お金に対する不安は絶えません。一方、年齢が若いうちに結婚すると、経済力はまだ不十分ですが、子供を産み育てた後に、子育てによってボロボロになった体を回復させる体力はあります。そうなると、今の時点で経済力のある男性と結婚したほうが、経済的にも自分の身体的にも安全であることは間違いないのではないかと思えてきます。しかし、周りにいるのは同世代、見込みはあっても現状では経済力のない男性陣です。結婚を意識し始め、経済力も培ってきた「イイオトコ」と出会うには、まず出会いの母数を増やさないと。こういった観点から、大学在学中から婚活に踏み切りました。

念のため断っておきますが、婚活を始めた時、恋人はもちろんいませんでした。私の友人で、婚活を通して恋人ができた1ヶ月後に相手に二股されていたことが判明した子がいたため、念のため。

婚活を始めるにあたってまず考えたのが、どんなツールを使うかです。真っ先に浮かんだのはマッチング・アプリでした。友人たちの多くが利用し、恋人ができた友人も少なくなかったので、アプリを通じて人と関わったり直接会ったりすることに対する不安は特にありませんでした。コロナ禍で人との関わりが本当に少なかったため、新たな出会いが簡単に「手に入る」という点は、私をかなりワクワクさせました。また、何よりも重要だったのは、女性はほとんどのアプリを無料で利用できるということです。後々男性の無料版を見せてもらいましたが、課金しないとメッセージを読むことすらできず、こちらが無料で利用していることが申し訳なくなるくらいでした。「マッチング・アプリは男性をターゲットとしている商売なので、男性が有利になる仕組みになっている」などという声もSNSを通じて聞いたことがありますが、女性は費用を払わず(リスクはあるものの)素敵な男性と出会える可能性があるので、こちらが「商品」として利用されることに特に抵抗はありませんでした。

2 「選べない疲労」：マッチング・アプリを使った婚活

2.1 マッチング・アプリへの登録

数あるマッチング・アプリの中から私が選んだのは「with[3]」でした。選んだ理由としては、利用している友人がいなかったからです。tapple[4]とPairs[5]は近しい友人が利用していたため、

3 https://with.is/welcome (2022年12月24日確認)
4 https://tapple.me/ (2022年12月24日確認)
5 https://www.pairs.lv/ (2022年12月24日確認)

アプリごとの特性を比較できればと思い自分はwithを利用してみることに決めました。しかし、友人と話をした結果、それぞれのアプリで特性の差異はほとんどなく、結局は自分がどのようにアプリを活用するかに依拠するように感じました。withは心理テストがある点は他のアプリとは違いますが、その他の点では特に差異は感じられませんでした。

アプリをインストールし、いざ利用を開始したものの、プロフィールを充実させることが最初の難関となりました。本人確認が済んだ後、自己紹介文の記入、趣味嗜好を選択、20以上の基本情報の登録、性格タイプ診断などを行います。自己紹介はやはり男ウケする文章を書こうとは思うものの、「1人でよくラーメン食べに行っています」と書いてウケるのか引かれるのかわからないし、媚びたような文章を書いている自分が恥ずかしくて仕方なかったです（図表1）。「アプリに登録した理由」や「自分の性格」を書くといいとネットにアドバイスがありましたが、卒業研究兼お金持ちの結婚相手探しとは書けないいし、自分の性格をいいように書くことも小っ恥ずかしいものです。

また、自分の基本情報や好みの男性タイプ、理想の付き合い方などについて細かく記載や選択をしますが、これが非常に難しい作業でした。身長や体型、休日の過ごし方などを選択肢の中から選んで回答し、自分自身のことを客観視しながら〝データ化〟する作業をしている時は、

図表1　アプリでの自己紹介文章

自己紹介文

はじめまして、大学4年生の　　　です！
バイトと卒論に追われてます

友達にはしっかりしてるけどたまに変わってるって言われます
よく喋ってよく笑います！

食べることがとにかく好きです
トップ3はラーメン、生肉、スイーツ！
暇があれば一人でラーメン開拓しに行くことが多いです

よく喋ってよく笑ってよく食べて、甘いもの好きな人と出会えたら嬉しいです！

まずはお友達から仲良くしてください
よろしくお願いします〜

理想の自分と現実の自分とのギャップがあり複雑な気持ちになりました。自分の体型や顔の系統のデータを入力する際は、自分としての理想を選択したい気持ちでした（そうしてしまう人も一定数いるのではないでしょうか）。

また、「データ化」という点では、理想の相手像を考える作業でも同じことでした。今までの恋愛では条件から人を選ぶのではなく、出会ったその人を理解してから好きになってきたため、自身の好みや希望条件について深く考える機会がありませんでした。一方アプリでは、年齢層や体型、趣味嗜好まで、理想を考えながら相手の理想像を作り上げていきます。

婚活では、「結婚するなら」という今まであまり意識してこなかった条件が付加されるため、友達との恋バナとは違い真剣に考える必要があり、理想像を作り上げるのに苦労しました。理想像を完璧に決めてもその像に当てはまる人なんてどうせいないし、とざっくり理想を決めて利用をスタートしたのは我ながらいい判断だったと思います。ざっくりとは言いつつ、譲れなかった理想は、甘いものが好きでよく食べること、転勤の可能性が低いこと、子供を欲しいと思っていることの3点です。私の趣味がお菓子作りであること、将来子供が欲しく、1つの地域に腰を据えて子育てをしたいことから、これらの条件は譲れませんでした。

2.2 気がつくと、イケメンを選んでしまう理由

男性にとってなるべく魅力的に映るように工夫してプロフィールを記入した後は、自身の好みの男性を検索していきます。ただ、私は前述の作業の段階ですでに多くの時間と労力を費やしたため疲弊し、素直に言うとすでにちょっと嫌気がさしてしまい、男性を検索するには至りませんでした。自分から男性を探す気力がなかったため、ひとまずは、「いいね」をいただいた人の中から好みに合いそうな男性を探すことにしましたが、ここでも大きな壁が立ちはだかります。短時間で大量の「いいね」が送られてくることにより、選り好みをすることにすら労力が必要だったのです。

多くの方に魅力を感じていただけて大変ありがたいことではありますが、ある程度捌いても、少し経つとまた「いいね」が大量に溜まり、プロフィールをじっくり見ていてはすべての「いいね」を到底捌くことなどできません。その結果、「いいね」一覧画面に出る写真、名前、年齢、居住地、好みカードから好みかどうか判別していくことにしました。

この判別方法において重要となったのは写真、すなわち相手の外見でした。普段は自他ともに認めるほどストライクゾーンが広く、外見より性格や人間性を重視するタイプのはずでした。しかし、「いいね」というアプローチを大量に受け取ってしまうと、より良い外見の人を選り

好みしていくようになってしまいました。私は中性的だったりジャニーズ系のお顔立ちが元来好きなので、好みのイケメンが出てくるとやはり心は躍りました。もちろん、結婚に対する意志や休日など、外見以外の要素も判断材料にはなりますが、そこで私の好みから大きく外れる人はそう多くありませんでした。

このように、イケメン狙いの外見主義になってしまった理由は大きく分けて2つあると私は考えています。実は面食いだったのが、婚活アプリを使っているうちに突然表面化したわけではないのです。

1つ目の理由は、大量の「いいね」が届き、自分に選択権があるならそりゃ自分好みの外見がいい、という正直な気持ちです。自分好みの外見、とぼかしましたが、其れ即ちジャニーズ系のイケメンに近しい外見です。アプローチを大量に受け取り、自分が「モテている」と感じることにより、アプローチしてくださる方の中でより自分好みのイケメン、よりハイスペックな人を選ぶ権利があると思ってしまったのでしょう。ちなみに、マッチング後はとりあえず職業と年収を確認しました。

2つ目の理由として、外見が自分の好みであれば、その他でマイナス要素があっても許容できる、ということが挙げられます。実際、話が盛り上がらなくても、少し失礼だったり人間性に問題があったりしても、外見が好みだとそれだけでかなりのアドバンテージがあるためマイナス要素に目を瞑ってしまうという事象が発生しました。初回のデートがつまらなかったにもかかわらず、次のデートに誘われた時にまたお受けしてデートに行ったのです（2回目もつまらなかったです）。もちろん、最終的に私はやはり外見より中身という点は婚活でも変わりませんが、マッチング・アプリという極めて特殊な環境に置かれた時には、顔での判断比重が重くなることがわかりました。

2.3　繰り返される「同じようなやり取り」

アプローチしていただいた中から選り好みさせていただいた後は、マッチングした方々と複数同時並行でトークして関係を深めていく段階です。私が「いいね」を返して相手とのマッチングが成立すると、ほとんどの方がメッセージを自ら送ってくださりました。内容は簡単な挨拶とこちらのプロフィールを見て会話を展開しやすい一言を添えている方が多かったです。ここで非常に大きな問題が発生しました。全員が同じような内容のメッセージであり、私としては同じようなやり取りを何十回も繰り返すことになってしまったのです。

男性①「大学生なんですね！　普段どこで遊ぶんですか？」
私　「渋谷が多いです！」
男性①「そうなんですね！　若いなあ笑」
（そりゃ大学生なので社会人よりは若いですよ）
男性②「ラーメン僕も好きです！　おすすめのラーメン屋さんありますか？」
私　「麺屋武蔵の系列によく行きます！」
男性②「へ〜！　今度一緒に行きましょうよ！」

アプリ経由で知り合った男性と初めて会い、隣り合って無言で麺を啜る15分間はなかなか耐え難い気がしますが、アプリを介して交わされる会話は、このような会話ばかりでした。ちなみに、アプリでラーメンの会話をした人とはデートには行きませんでした。

こちらのプロフィールを読み、興味があることを提示しつつ積極的に話題を提供してくださるのはもちろんとてもありがたいことです。それに、最初は当たり障りのない会話を展開してお互いに様子見をするのが安全策なのは間違いありません。しかし、こちらからすると、何十人と同じようなやり取りを行うのはかなり苦痛であり、誰に対しても同じように返信することがすぐに億劫になってしまいました。たとえトーク一覧に自分好みの顔が並んでいても、さすがに同じような会話を何度もするのは苦行でした。

また、さらに私にストレスを与えたのは「追いメッセージ」です。私は基本的にスマートフォンを常に手元に置いているため、来たメッセージはすぐに確認し、数時間後などに返信していました。しかし、その既読無視の間に追加で反応を求めるようなメッセージが多くあり、ゲンナリしてしまいました。その結果、仲が深まるような会話にたどり着く前にメッセージを返さなくなってしまうことが大多数でした。

男性③「今度ラーメン行こうよ！」
男性③「あれ、ラーメンは嫌だった？」
（メッセージを確認したが、すぐには返信しなかった）
男性③「会おうよー！　いつ暇？」
男性③「お～い笑」
私　「あ、ごめんね返信遅れて！」

男性③「〇〇ちゃんって既読早いのに返信遅いよね笑」
（既読のタイミングまで知られていたことは驚きました）

このようにアプリを利用していく中で、私が選ぶことのできる男性の数は非常に多かったのにもかかわらず、特定の人と発展することはなかなかありませんでした。外見やスペックなどで惹かれた方は一定数いたものの、何十人もの人とする中身のない会話やアプリそのものに疲弊してしまったのです。その結果、次第にアプリから遠ざかり、使い始めて3週間経つ頃にはほとんど男性と会話しなくなってしまいました。後日、アプリの利用経験がある友人数名と話をしたところ、「決め手に欠ける」という理由で相手との関係の発展を見送るという声や、私と同じように疲れてしまいアプリから次第に遠のいていったという声が上がりました。

3　対面の罠

アプリ婚活に疲れた頃から、マッチング・アプリのみで婚活を行うと、結婚に対する真剣度が高い人に出会えないかもしれないと考えるようになりました。スマートフォン一つで異性と出会うことができるため、出会うためにに出かけたりする労力をあまり必要としないのがマッチング・アプリのメリットです。しかしその分、軽率な気持ちで利用する人が多いであろうことが容易に想像できたため、もう少し真剣度の高い出会いの場も欲しいと考えました。

そこで思い浮かんだのが、婚活パーティーに参加することでした。婚活パーティーとなれば事前予約が必要です。男性側の参加費はアプリ1ヶ月分ほどの費用に値する3,000円から5,000円ほど、もしくはそれより高い金額です。女性は参加費が1,000円か2,000円ほどのパーティーが多く、費用がかかるとはいえ気軽に参加できる額です。当日会場に出向いて1時間前後拘束されることから、利用のハードルはアプリより数段高くなります。そうなれば参加者の真剣度も上がるだろうとの予想から、婚活パーティーへ参加することを決めました。

当時21歳だった私は婚活パーティーの内容など想像もつかず、好奇心のほうが強かったことは否めません。また、大学生ごときが参加してよいのかという不安は十二分にありました。冷やかしや金銭目当てと思われる可能性が高いだろうし、そもそも社会に出ていない人間は結婚相手の対象外だろうとも思っていました。しかし、女性も少額ですが参加費用を支払うし、準備などの労力は男性と同じようにかかるため、少しはこちらの真剣さを汲み取ってくれる男性もいるのではと期待し、婚活パーティーへの参加に踏み切りました。

3.1 婚活パーティーへの期待

婚活パーティーに参加する前の私は、アプリとは違った出会いがあると期待を抱いていました。多くの男性を一覧し、比較検討できるアプリに対して、婚活パーティーは出会える人数は少ないものの対面で会って話をするため、一人ひとりと向き合いやすく、会った方との距離が縮まりやすいだろうと想像したのです。また、職業や年収などのデータを見る点はアプリと同じですが、雰囲気や会話のテンポなど、データ化できない部分を直接見て感じ取れるということに大きなメリットを感じていました。

パーティーならアプリと違って外見で選別することも、何十回と繰り返される同じような会話もないと希望を持って参加したのですが、実際はアプリとはまた違った問題がいくつも発生しました。まず、参加者の年齢です。男女ごとに参加年齢制限があり、私は7～8歳上くらいまでが希望なので、男性の年齢が30歳までか35歳までの回をよく選んでいました。ところが、実際に参加してみると、半数かそれ以上の男性が上限年齢のギリギリでした。婚活パーティーの利用者層は30代以上が多いとの考察が生まれたと同時に、なるべく若いグループに自分を位置づけたいのは女性も男性も同じなのだと学びました。

次に感じた問題は、1人当たりの会話時間がとても短く、連続して何人もの男性と話すため記憶することすら難しいということです。私が参加していた着席型の婚活パーティーは、1ターン3分ほどのトークタイムを参加人数分行い、中間アプローチと2回目のトークタイムを経て最終アプローチという流れで行われます。トークタイムでは自己紹介カードを見ながら話しますが、カードに一通り目を通して「趣味は○○なんですね～」とお互いに読み上げていると時間切れになるような短さで次のターンが回ってきます。

男性①「大学4年生なんですね。就活中ですか？」

私「内定いただいて無事に終わりました！」

男性①「そっか、お疲れ様でした！　今はじゃあ学生を謳歌してますか？　あ、時間ですね。ありがとうございました」

男性②「大学生なら出会いありませんか？」

私「コロナもあって全然ないんですよ～」

男性②「そっか、大学はあんまり行けてないですか？　あ、終わっちゃいますね・・・・また後で！（笑）」

トークタイムが終わった頃にはよほど強く印象に残った方以外は朧げな記憶しか残っておらず、特定の方を「良い！」と思えることはかなり難しく、結局、婚活パーティーでも誰かを選ぶということは困難を極めました。

また、大量のアプローチを受け取るという、マッチング・アプリと同じ現象が婚活パーティーでも発生しました。おそらく男性側も女性参加者を全員判別し見極めることは難しかったと思いますが、せっかく参加したのでとりあえず連絡先はもらっておきたいと考える方が多いのでしょうか。マッチング・アプリと違いアプローチいただいた方について短時間ながらしっかり考えることはできましたが、無駄に連絡先を交換してもマッチング・アプリのように疲弊しかねない、という気持ちから軽率にマッチングするようなことは控えました。

3.2　男性のパターン化された行動

マッチング・アプリも婚活パーティーもあまり良い出会いの期待が持てなくなってしまいま

したが、数名の男性とは仲良くなり食事デートをするまでに関係が発展しました。デートに至った理由は、顔がドストライクだったか、なんとなく波長が合いチャットや電話で会話が盛り上がったか、このいずれかでした。

このデートを通じて気がついた、婚活男性のクセが2つあります。

1つ目は、連絡の時点でも見受けられたことですが、「女ウケを意識した発言」が多いということです。例えばネイル。私は以前友人男性に、「俺たち男は本当にネイル興味ないよ」と言われたことがありました。またマイナビウーマンが2015年に行ったwebアンケート[6]では、「ネイルをしていない女性」をより好む男性が76・3%いることが明らかになっており、むしろネイルをしていることはマイナスポイントとまでいえると思います[7]。私は長めかつ派

6 マイナビウーマン「男子のホンネ！　ぶっちゃけ、ネイルをしている女性としていない女性、どっちが好き？」（https://woman.mynavi.jp/article/150727-33/）２０２２年12月24日確認。
7 男性ウケの悪いネイルについては、下記のサイトを参照のこと。華子のネイル時々コスメdiary「なぜネイルは男ウケが悪いのか？　男性数名に聞いてみた ウケの良い色 悪い色は？」）https://hanazatsugaku.net/4666.html）２０２２年12月24日確認。

手なデザインのネイルが好きで、男性ウケから最も遠い位置づけにあるはずです。しかし、何人もの男性が、「ネイル素敵ですね！　かわいいです！」などと褒めてくださりました。正直「ああまたか。この人もよく見ているなあ。爪の写真を載せているわけじゃないのに。」なんて思ってしまうほどの人数には褒めていただきました。褒めていただけて大変ありがたいしこのような捉え方をして申し訳ないとも思うのですが、TwitterなどのＳＮＳで「ネイルを褒めると女性が喜ぶ」等の恋愛アドバイスを何度も目にしたこともあり、多くの方にネイルについて触れられることでかえって「女ウケ」を狙って発言されているように感じてしまいました8。本当に心から褒めてくださっていた方には申し訳なく思いますが、ネイルを褒められるたびに「またか……」と思ってしまうのが偽らざる本音でした。

２つ目は、「関係の発展を急いでいる」男性が非常に多いということです。初めて会う日は、食事をメインとして2～3時間ほど一緒に過ごし解散という流れが当然、と私は勝手に思っていましたが、初回でもう次の段階を求める男性が多かったのです。

男性①「俺、〇〇ちゃんの同年代の男より収入とか負けないと思う」
私　　「え～すごいですね」

男性①「うん。付き合ったら一途だし、楽しいと思うよ。美味しいご飯屋とかも詳しいし」
私「(今日初デートだけど、これアピールされてる・・?)」

男性②「この後うち来てゲームしない?」
私「あ〜、どうしようかな。明日朝早いんだよね」
男性②「そうなんだ。俺、明日以降はしばらく忙しいから会えないかも」
私「(そう言われてもな・・・)」

デートを重ねて信頼関係やお互いの理解を深めるというよりは、恋愛か下心かわかりませんが、次の展開を期待して迫ってくる方がほとんどでした。金銭面や一途さをアピールして恋人の可能性を示唆する方はまだ誠実なほうで、「今日俺の家に来ないなら次に会うことはないか

8　男女間のネイルに対する意識の違いについては下記のサイトを参照のこと。コクハク「女性のネイルアートを褒める男性に要注意! そのワケとは?」(https://kokuhaku.love/articles/1794) 2022年12月24日確認。

な」と言われた時には目が点になってしまいました。関係終了か、夜に男性の家にお邪魔するかの2択を初対面のその日に決めるのはかなり難しいと思うのですが。もちろんお断りして解散後すぐ連絡先を消去し関係を断ちましたが、どんな方にも「会う＝すぐ関係を発展させることができる」と捉えられてしまうおそれがあることを痛感しました。会わないと何も伝わらない気がするのですが、なるべく長期間連絡をとり相手のことをしっかりと判断してから会うべきなのかと考えさせられましたし、SNSやマッチング・アプリが主流となってきた現在でも、やはり見ず知らずの他人と軽率に1対1で会うことの危険さを痛感しました。

3.3　気がつくと、相手を減点法で評価してしまう

婚活パーティーやデートの経験を重ねていく中で、男性のクセのみだけではなく、自分自身の婚活時のクセも自覚するようになりました。婚活サービスで出会った男性に対して、評価がとても辛口になってしまうということです。

例えば、婚活パーティーの時です。前節で触れたように、参加男性は年上の方ばかりでした（私は3歳以上年上の方しかお見かけしませんでした）。私はもともと年上好きなので嬉しいことでしたが、1回目のトークタイムで会話があまり盛り上がらないと、「たった3分間でさえ

楽しませてくれない年上なんか嫌だな」と、それだけで相手の評価がマイナスで固まってしまい、連絡先交換なんかもってのほかで、2回目のトークタイムすら愛想笑いで適当にやり過ごすようなことが頻発してしまいました。

さらにデートの時。行くご飯屋さんを決める時やご飯を食べ終わってその後の動きを決める時に、候補を出さずに「何かある？　俺何でもいいし付き合うよ！」といった提案をされると「こちらが決めないといけないのか。面倒臭いな。じゃあもう帰らせてくれ」などと思ってしまいました。女性の好きなことを優先しようとしてくれる優しさだと思いますが、男性にリードされたいという願望を抱いてしまったのです。これまでの経験では、友達以上恋人未満の男性と遊ぶ際はどんな提案のされ方でも特に気にならなかったし、デートの段取りを一緒に考えることは楽しいことですらあったのに、です。

上記2例のどちらも大変失礼な話ですし、SNSでこのような発言をすると、お前は何様だと炎上することは容易に想像がつきます。なぜ私は婚活になると、こんなにも高飛車で自信過剰そうな女へと変わってしまうのか。

じっくり反省しつつ婚活の経験とこれまでの恋愛の経緯を振り返ると、理由は大きく2つに分けられました。

1つ目は、私自身がマッチング・アプリでのモテ経験と同様のことが婚活パーティーでも発生してしまい、それによってできた自己評価をデートという一歩進んだ人間関係にも持ち込んでしまっていることです。自身がモテていて男性を選り好みすることができる立場だと思い込み、対面かつ対等かと思われる時でさえ、上から目線で男性をジャッジしてしまっていたのだと考察できます。また、マッチング・アプリや婚活パーティーで出会った人に対して冷たい対応をしても、普段の人間関係に悪影響は出ないし、次のチャンスは無限にあるという感覚が自分の中にあったのだと思います。

2つ目の理由は、従来の恋愛のように相手にのめり込んでいないため、冷静にかつ冷めた目で相手のことを観察、判断しているということです。自然発生する男性とのコミュニケーションでは、会話が少し盛り上がりに欠けたところでつまらないとは感じなかったり、デートをするくらい距離が縮まっていれば、多少リード下手でもあまり気にならなかったりする女性は多いのではないでしょうか？　他の良いところを知っているでしょうし、盲目ですからね、恋は。しかし、マッチング・アプリや婚活パーティーを通じて出会った男性とは、恋愛関係に発展するかも、という前提の中で関わっています。そのため熱量が従来に比べ少なく、冷静な気持ちで相手を見つめているといえます。私自身、普段だったら相手の衣服のセンスはあまり気にならないのに、マッチング・アプリや婚活パーティーから発展した人にはおしゃれであることを求めたり、デートの段取りの悪さにイライラしたり、婚活中は相手に求めるハードルも上がっていたと感じます。

4 婚活市場における女性の分類

4.1 女性は婚活市場で「こじらせる」

婚活市場に身を置く中で、自分の理想の男性はおろか、恋愛関係に発展する男性と出会うことすら難しいのではないかと疑問を抱くようになりましたが、なんと運良く、その疑問の答え合わせに近いことができました。婚活パーティーの運営側から話を聞く機会をいただけたのです。

結論から申し上げると、私は婚活に不向きなタイプでした。運営側が言うには、恋愛経験がある人ほど婚活で異性を選ぶことは難しいらしいのです。今までの人生で何万人と出会い関わる中から偶然恋愛相手を選んできた人が、出会ってから間もなく関係も浅い数名〜数十名の中から無理やり1人を選ぶという行為は非常に困難なことなのです。

一方で、恋愛経験が少ないもしくはない人にとってみれば、自分が選ばれる可能性があり、かつどの相手を選ぶか自分にも決定権があるということが人生において稀であり、限られた人数からでも恋愛相手を選ぶことができるといいます。

もちろん、恋愛経験がある人でも婚活を通じて恋愛相手と出会う可能性はありますが、よほど男性が自分にとって魅力的なポイントを持っているか、結婚までの時間的猶予がなく選ばざるを得ない状況でないと難しいといえます。私は27歳を結婚目標としていて時間的猶予はあるため、無理に選ばなくてもまだ大丈夫という気持ちが確かにありました。加えて、前節で書いたように、婚活市場においては女性に膨大な選択肢があるため、相手に対してマイナスイメージを抱きやすい環境下にあり、よほどの決定打がないと婚活市場で恋愛相手を選ぶことは不可能に近いと感じました。

この運営側の話とここまでの自分の婚活体験を踏まえると、婚活市場には、マッチング・アプリや婚活パーティーというサービスを上手く使って恋人を作り結婚に到達できる女性とできない女性を生み出す特性があると考察できます。

まず、マッチング・アプリでも婚活パーティーでも、「出会い」の機会が女性に高頻度で与えられることで、女性は簡単にかつ今までにないレベルでのモテ体験ができます。その結果、自分は男性を選ぶことができる立場であると思い込み、どうしても高飛車になってしまいます。顔の優劣で男性を選り好みする、デートの際に男性へ求めるハードルが上がるなど、男性を「上から目線」でジャッジするようになってしまうのです。

一方男性側は、示し合わせたかのようにSNSで見るような、パターン化された行動で女性にアプローチしてくる方が大多数でした。そのため女性からしてみれば、男性が何を考えているか、自分の何を見て好意を寄せてくれているのかわからないという状況に陥ります。

この「急激なモテ体験による上から目線」と「真意がわからない（下心は見える）男性のパターン化された行動」が組み合わさることで、「マッチング・アプリや婚活パーティーにはろくな男がいない」という、SNS上でも頻繁に見られる女性側の意見を生み出していると考えられます。

他方で、「ろくな男がいない」と愚痴りつつも、実際にマッチング・アプリや婚活パーティーを利用して理想の男性を探し出し、結婚にたどり着いた女性もいらっしゃいます。つまり、婚活市場には、「これは駄目だ」と判断してサービスから撤退する女性と、婚活市場の特性に適応してパートナーを見つけられる女性と、上から目線が悪化してこじらせていく女性がいると考えられます。

4.2　婚活市場から撤退する女性、適応する女性、こじらせる女性

このような女性の違いがどこから生じるかについてヒントを与えてくれたのが、婚活パーティーの運営側の方が指摘した、「恋愛経験が少ない人のほうが婚活でうまくいく」という経験則です。マッチング・アプリや婚活パーティーを上手く使えるか、上手く使えないかの明暗は、女性自身の「恋愛経験の程度」と、婚活に関わる各種のサービスを経験していくうちにどれくらい「選り好み」が激しくなっていくのかという「こじらせの程度」によって決まるというのが、婚活を実際に経験した分析になります（図表2）。

図表2は縦軸の「恋愛経験の程度＝恋愛強者／恋愛弱者」と、横軸の結婚相手に求める条件が上から目線で厳しくなっていく「こじらせの程度＝こじらせ強／こじらせ弱」で構成されるマトリックスとなります。このマトリックスで、婚活市場における女性を整理できるのではないかと考えます。

まずは、婚活アプリや婚活パーティーを経験しながらも、男性に対してあまりこじらせなかったパターンの女性について考えてみましょう。

図表2　婚活女性の4類型

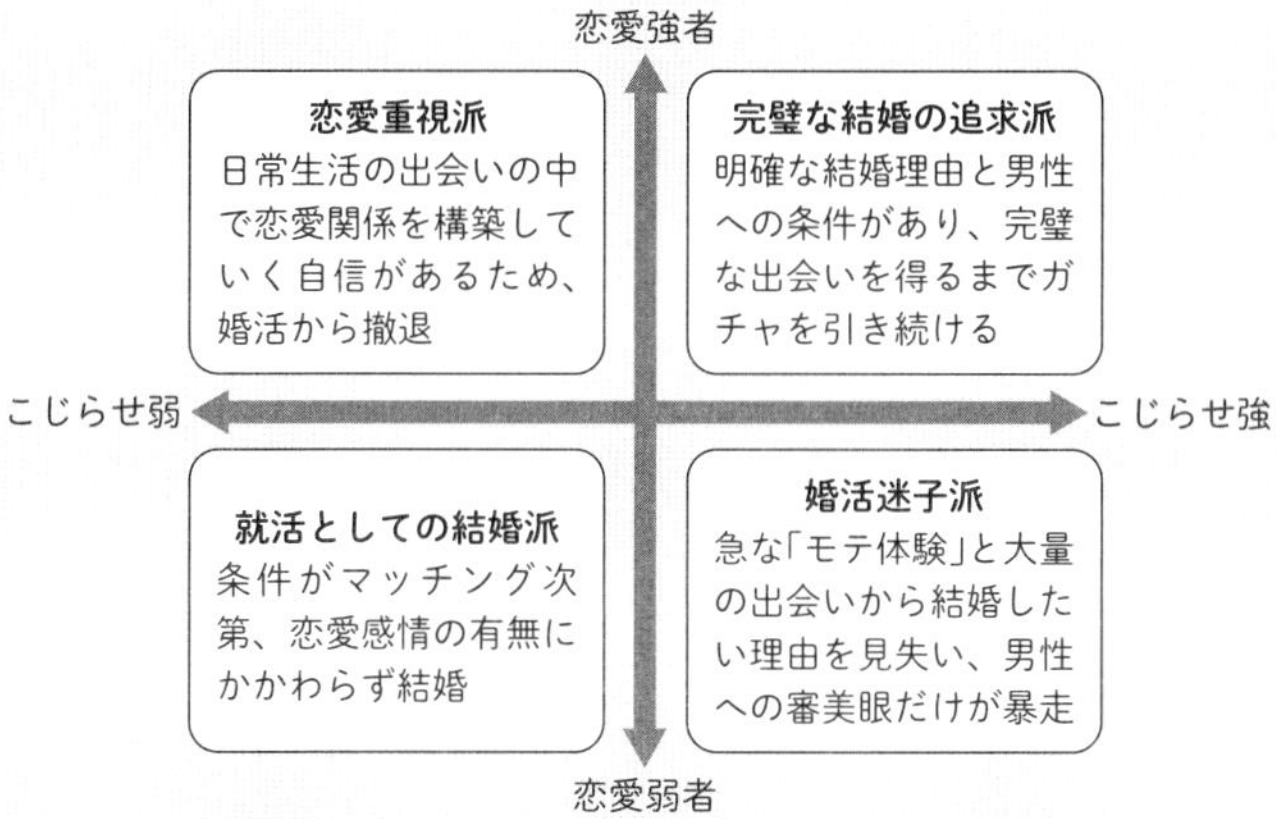
恋愛強者
恋愛重視派
日常生活の出会いの中で恋愛関係を構築していく自信があるため、婚活から撤退
完璧な結婚の追求派
明確な結婚理由と男性への条件があり、完璧な出会いを得るまでガチャを引き続ける
こじらせ弱
こじらせ強
就活としての結婚派
条件がマッチング次第、恋愛感情の有無にかかわらず結婚
婚活迷子派
急な「モテ体験」と大量の出会いから結婚したい理由を見失い、男性への審美眼だけが暴走
恋愛弱者

恋愛経験が一定以上ある（＝恋愛強者）女性にとって、マッチング・アプリや婚活パーティーは、その仕組みの特性から高飛車になる自分に違和感を感じるとともに、男性側のパターン化された行動に嫌気がさしてしまう状態にさせるツールなのかもしれません。使用してみた結果、これまでのように通常の人間関係の中で恋愛感情を育める人を探し、結婚を目指すほうがよいと考え、マッチング・アプリや婚活パーティーから離脱していく「恋愛重視派」の女性が多いように見えます。彼女たちは恋愛強者であるがゆえに、「まず、条件を整えた出会いが用意され」「恋愛感情の前に、結婚相手として適切な男性であるかを判断する」という、婚活市場に適応できないと考えられます。

もちろん「恋愛重視派」の女性たちは、過去の恋愛経験から、日常生活の出会いの中で恋人や配偶者候補を見つけ、恋愛関係を構築していくことに自信があるため、婚活市場からの撤退を決断できるともいえます。

それに対して、恋愛弱者の女性の場合、恋愛関係を作ること自体が苦手な（あるいは、結婚できるか否かがあやふやな状況で恋愛関係を構築するのが怖い）方です。それゆえ、恋愛弱者の中でも「結婚したい明確な理由」と「結婚したい相手の条件」が定まっている方にとっては、恋愛云々をすっ飛ばして結婚を前提に男性と出会えて、交際できる婚活市場は快適な環境であると考えられます。婚活パーティーの運営者の方が指摘しているように、恋愛弱者でありながらも一気に結婚できる人は、山田・白河（２００８）が提唱した婚活の本来的な含意に沿って、就職活動のように婚活できる女性であると考えられます。いわば、「就活としての婚活派」でしょう。

しかしながら、ここまで繰り返し指摘しているように、婚活市場で女性は急激な「モテ体験」を得るとともに、「パターン化された男性の行動」に辟易としていく中で、女性は程度の差こそあれ男性を厳しい目線で評価して選り好みする「こじらせ」を発症させてしまいます。とりわけ強くこじらせてしまった女性も、あまりこじらせなかった女性と同様に恋愛強者と恋愛弱者の違いで、行動が変わってしまうと考えられます。

まず、過去の経験から男性との関係構築に自信がある恋愛強者の女性が強くこじらせてしまうと、婚活市場の仕組みから「選べる」ことを重視し、経済的・社会的・職業的にも完璧なイケメンを求めてひたすら理想の旦那様を探し求める、「完璧な結婚の追求派」となってしまいます。もちろん、婚活市場の中で、そうそう「完璧な旦那様」になりうる「経済的・社会的・職業的にもハイスペックなイケメン」と出会えるわけではありません。しかし、彼女たちは恋愛強者として自信があるからこそ、「出会えたら、絶対にゲットできる」と考え、マッチング・アプリや婚活パーティーの沼にズブズブとハマり続けていくと考えられます。

それに対して、恋愛弱者の女性が、婚活の仕組みがもたらす「モテ体験」の中で多くの（時には初めて出会うようなハイスペックの）男性と出会ううちに強くこじらせていくと、大変なことになりかねません。急激なモテ体験の中で「もっと良い人がいるのではないか?」と選り好みしているうちに、「結婚したい理由」を見失ってしまい、ひたすら高飛車に「この人はこがダメ」とダメ出しを繰り返し続けてしまいます。例えばデートの場面で、あれこれ理由をつけてダメ出しをして交際に発展しないのが典型的なのですが、このような女性は「婚活迷子派」といえるかもしれません。

「婚活迷子派」の方は、改めて結婚相手に求める条件を確定していけば、「就活としての婚活派」に移行することができるかもしれません。「完璧な結婚の追求派」も、自身が恋愛結婚を重視したら「恋愛重視派」として納得のいく旦那様を日常生活の出会いから再発見できるかもしれませんし、「理想の旦那様」を漠然としたイメージではなく、婚活市場の中で出会えた人の平均値から具体的な目標として設定し直していけば、「就活としての婚活派」に近似していける玉の輿ルートに乗れるかもしれません。

Ｗｅｂ上では婚活女性に対して、婚活男性の現実的な収入や容姿を引き合いに出しつつ、「身の丈に合わせて現実的な相手を選べ」と説教をされる婚活カウンセラーの方が頻繁に見受けられます。しかし、「身の丈の合わせ方」については、女性のこじらせの程度と恋愛経験の程度によって、それぞれ変わってくると考えられます。女性の類型ごとの違いに気づかず、下手なアドバイスをしてしまうと、「恋愛重視派」が「完璧な結婚の追求派」に、「就活としての結婚派」が「婚活迷子派」に転じてしまうと考えられます。

そして、婚活市場で提供されているサービスと男性との出会いの多さが、女性を「こじらせる」力学を有していることに、婚活サービスの運営側も私たち女性自身も自覚的になることが、婚活を上手く進めていく第一歩になるのではないでしょうか。

5 婚活市場の力学から問題を考え直す

5.1 改めて、女性による「選り好み」の発生原因を考え直してみよう

ここまで、（当時）女子大学生であったオオノさんの婚活のオートエスノグラフィーを通じて、婚活市場の力学が女性をどのような行動へと導くのかについて注目してきました。

それでは、なぜ婚活の場において、女性は極端な「選り好み」をしてしまうのでしょうか？改めて、オオノさんがマッチング・アプリの利用や婚活パーティーへの参加の経験から、情報探索の段階で「気がつくと選り好みをしてしまい」、対面で出会った男性に対しては「上から目線で評価的に見てしまう」ようになってしまった経緯について、振り返っておきましょう。

まず、オオノさんも陥ってしまったように、婚活市場において女性が「自分は選べる立場である」と自覚する（思い込んでしまう）根本的な原因は、マッチング・アプリでも婚活パーティーでも、おそらくは結婚相談所でも、通常ではありえないほど大量の交際申込みを経験するからです。女性が婚活市場で経験するこの急激な「モテ体験」は、男性側が「ショットガン・アプローチ」を実行していくことで生じてしまいます。

実は、婚活市場において男性が、可能な限りマッチングの申込みをすることは、男性にとっての支配的戦略となっています。

実際、高橋自身も結婚相談所で似たシステムのＷｅｂマッチングサービスを利用した際に担当者から、「あまり考え込まずに、フィーリングで選んで、申込みの上限回数を使い切っていきましょう」と何度も勧められました[9]。婚活市場での出会いは、相手が自分を気に入っているかは事前にはわかりません。だったら、Ｗｅｂマッチングサービスでも婚活パーティーでも、申込みできる回数の上限まで使い切る、ショットガン・アプローチが最も合理的な戦略になってしまうのです。

しかし、オオノさんのマッチング・アプリの体験が教えてくれるように、ショットガン・アプローチは、女性に「物理的に内容を吟味して選べない」上に急激なモテ体験を与え、「自分は選ぶ立場にある」という認識を与えてしまいます。いわば、婚活市場の力学に最適化した男性の婚活戦略（＝ショットガン・アプローチ）が、女性の「選り好み」を生み出していると考えられるわけです。

5.2 ショットガン・アプローチによる男女の「モノ化」

婚活市場において男性が自覚的に（あるいは無自覚に）実践しているショットガン・アプローチは、マッチング・アプリの利用においても、結婚相談所においても推奨されています。とにかく、婚活市場ではマッチング申込みの「数をこなし、回転率を上げていく」ことが、支配的な婚活戦略とされているのです。

しかし、少し考えてみてください。のべつなく、視野に入るすべての女性に交際を申し込むことは、通常の日常生活では「恋愛や結婚に積極的である」と褒められる行動ではありません。これは、初対面で出会った男性に対して「自分の希望に沿っているか？」「私が結婚相手として選ぶ価値があるか？」という視点から、高飛車な態度で「選り好み」する女性の行動と同じ

9 さらには、高橋がかつて婚活パーティーに参加した際に、「最終手段の戦略として実行したのが、一巡目のコミュニケーションを終えた後にすべての女性に「いいね！」をマークした上で、二巡目の申込みに際して「いいね！」が一致した女性に機械的にマッチングの申し込みをしてしまうことだった。こうしてしまえば、「私の好みや相手に求める条件、趣味の一致・不一致に関係なく、女性側が「いいかも」と少しでも思ってくれた人と、マッチングしていくことが可能になるはずだ」（『婚活戦略』、47頁）と考え、無自覚にショットガン・アプローチを実行していました。

く、日常的な生活空間ではありえない、反社会的な行動であるといえます。

このような視点から、オオノさんが発見した、婚活市場における男性がよく実践するもう一つの行動についての記述に改めて注目してみましょう。


このデートを通じて気がついた、婚活男性のクセが2つあります。

1つ目は、連絡の時点でも見受けられたことですが、「女ウケを意識した発言」が多いということです。例えばネイル。（中略）TwitterなどのSNSで「ネイルを褒めると女性が喜ぶ」等の恋愛アドバイスを何度も目にしたこともあり、（中略）ネイルを褒められるたびに「またか……」と思ってしまうのが偽らざる本音でした。

2つ目は、「関係の発展を急いでいる」男性が非常に多いということです。初めて会う日は、食事をメインとして2～3時間ほど一緒に過ごし解散という流れが当然、と私は勝手に思っていましたが、初回でもう次の段階を求める男性が多かったのです。


女性の細かなファッションに気づき「褒める」こと。関係を進めるために自分と付き合うことのメリットを提示した上で、今すぐ関係を進めるか、ここで別れるかの二者択一を迫ること。

実は、この2つの行動は、近年、特に男性向けの恋活や婚活指南書で推奨されている、対面の場でのコミュニケーション戦略です。

恋愛工学、もしくは恋愛心理学といわれ、近年もてはやされているこれらのコミュニケーション戦略は、女性には男性とは異なる特有の刺激―反応のメカニズムがあり、特定の会話で「好意を引き出し」「意思決定をコントロール」しようとする、女性の「モノ化」を前提としています。いわば、それぞれの女性の個性や考え方を捨象し、一定の刺激―反応する機械として女性を「モノ化」していくことが、近年、男性にとっての婚活戦略の大前提になっているといえます。

この「モノ化」を前提とした婚活戦略は、婚活市場でのショットガン・アプローチと組み合わせた時、非常に有効な戦略であるという一面を持っています。コンテクストフリーの出会いの場である婚活市場では、出会った女性側がどのようなことを考え、行動するのかを事前に把握することは不可能です。だとすれば、「女性は特定のコミュニケーションパターンに好意的に反応するモノである」と仮定し、個々の個性を考慮せずに定型的な会話を繰り返していくことが、婚活市場で男性が効率的に女性とマッチングできる婚活戦略になってしまうのです。

いわば、婚活市場において女性が男性を「商品」とみなし、比較考量して可能な限り付加価値の高い男性との交際を望むだけでなく、付加価値を有さない男性とはコミュニケーションそのものを拒絶するという婚活戦略と同様に、男性は女性を一定の刺激―反応システムを有する「モノ」とみなし、想定通りの結果が得られるまで婚活市場の仕組みを最大限活用した婚活戦略を実施しているわけです。

勘違いしてはならないのは、「モノ化」は婚活市場で私たちが活動していくために、必要不可欠なものであることです。職場や学校、サークルといった長期的な人間関係を前提とした出会いでは、互いの趣味趣向を学び、受け入れていく時間があります。しかし婚活市場は、指標のもとで人々をデータベース化することで、既存の関係の延長線上では出会うことがない男女を、しがらみがない形で出会う機会を与えてくれます。ここではお互いの趣味趣向を事前に学び、受け入れる関係が存在しません。だから、少しでも出会いの成就（＝恋愛）とその先の結婚の可能性を上げていくため、こうすれば「選んでもらえる」と信じることのできる、「モノ化」された女性像が必要になるわけです。

5.3　婚活市場の力学2.0：あたりまえの婚活戦略が婚活の困難を生み出す！

ここまで、オオノさんによるオートエスノグラフィーを踏まえて、男女に働く婚活市場の力学と、その力学に適応して駆使される男性からのショットガン・アプローチの弊害という視点から、「婚活するほど結婚が難しくなる」現象がいかに発生するのかを考察してきました。ここで大事なことは、婚活市場の持つ力学が男女の独特な行動、すなわち、婚活戦略を生み出すだけでなく、男女間の婚活戦略の応酬が婚活の困難を生み出していることです。

このことを踏まえて第1部の最後に、婚活市場の力学のもとで、男性と女性、さらには彼ら／彼女らをサポートしている婚活支援サービス企業の関係を俯瞰的に捉え直してみることで、より解像度を上げた婚活市場の力学を描いていきたいと思います。

まず、現在の婚活市場は、マッチング・アプリ、お見合いパーティー、引き合わせといった婚活支援サービス企業が提供するサービスとその利用者によって構成された社会的空間です。その設計意図と想定している効果をまとめたものが、図表3となります。

婚活支援サービス業者は、マッチング・アプリや婚活パーティー、結婚相談などで「スペックが可視化され比較可能」な「コンテクストフリーの出会いの場」を提供することで、通常の日常生活では不可能な多頻度の出会いを男女に提供します。これは、恋愛結婚が主流となるとともに、職場や血縁・友人関係を通じたお見合いが減少していくことで、恋愛の前提となる出会いの機会そのものが減少しているという問題認識に基づいています。とりわけ近年では、セ

図表３　婚活市場の設計思想と想定していた効果

<table>
<tr><th>婚活・恋活アプリの設計意図</th><th>アプリ会社者が想定していた
（している）「効果」</th></tr>
<tr><td>コンテクストフリーの出会いの場
マッチング・アプリを利用することで今まで自分が獲得してきた人脈の延長線上では、「出会うことができない」人と、交際と結婚を前提として「出会う」ことができる場を提供している。</td><td rowspan="3">恋愛結婚が前提となった現代社会では、出会いの機会が以前より減っている
⬇
通常の生活では不可能な出会いの数と質を提供すれば、結婚の可能性が高まるのでは？
⬇
可視化されたスペックを前提に、「理想の配偶者」を求めて、心ゆくまで比較考量が可能になる。
前もってスペックが明示されているため、「安全・安心」に異性を吟味できるだけでなく、恋愛感情の構築に集中できる。
⬇
比較考量と安全・安心な恋愛で、成婚数が上昇していくはず！</td></tr>
<tr><td>スペックの可視化と比較可能性
年齢、学歴、職業、年収、趣味といった指標で婚活に臨む男女のスペックが可視化され、条件に合わせて異性を検索・比較可能になる。</td></tr>
<tr><td>出会いの多頻度化
本人が望み、会費を払い続ける限り、何度でも出会いの機会を獲得できる。</td></tr>
<tr><td colspan="2">収益モデル
条件を設定して配偶者を検索し出会えるサービスを提供し、検索やマッチングに課金してもらうことで、成婚数と売上をともに伸ばしていこう！</td></tr>
</table>

クハラやパワハラなどの観点から、職場での異性間コミュニケーションには困難がつきまとう状況です。また、自由恋愛を結婚の前提とするならば、職場や友人といった人間関係を気にすることそのものが、煩わしい存在に変わってしまっているでしょう。

だとしたら、従来の人間関係とは関係がない（＝コンテクストフリー）出会いの機会が確保されれば、出会い→恋愛→結婚がスムーズに進むと考えられます。

とはいえ、「多くの人に出会える」だけでは、利用者が「誰と出会えばよいかわからない」と迷う可能性が高くなります。そこで、婚活支援サービス業は利用者や会員を年齢、職業、収入、趣味、容姿といった指標でデータ化し、それぞれに配偶者に求める条件を設定してもらうことで、条件が一致する人を検索して出会ってもらうという、価値観マッチングと呼ばれるサービスを提供し始めました。特にマッチング・アプリは、（主に男性の）ユーザーが課金をすることでより詳細な検索ができるようになるサービスを展開していくことで、マッチング率とともに売上も向上させていくというビジネスモデルを構築していたと考えられます。

しかしながら、男女が婚活支援サービス業者の想定したとおりにサービスを使うとは限りませんでした。

一方で、婚活市場に適応した男性は、「気力とお金が続く限り、出会いの機会が担保されている」という仕組みを最大限利用した「ショットガン・アプローチ」を実施することで、出会いの回数を最大化し、出会った相手と効率的にマッチングを試みて「パターン化されたコミュニケーション」を試みます。

他方で女性は、男性からの「ショットガン・アプローチ」による急激な「モテ体験」と「パターン化された会話への違和感」経て、程度の差こそあれ「こじらせ」てしまい、男性を減点法で評価しつつより良い出会いを求める「選り好み」を続けてしまいます。

つまり、婚活市場という空間に適応すればするほど、男性は「ショットガン・アプローチ」と「パターン化された会話」を繰り出し、女性は「こじらせ」と「選り好み」を繰り返していくという負のサイクルが繰り返されていくことになります。

この負のサイクルを止めることができるのは、婚活支援サービス企業であると考えられますが、現場のサービスの問題点を認識しつつも、2つの理由で変える必要性に迫られていないと考えられます（図表4）。

第一に、現状のサービスを利用してマッチングしている男女がいることです。特に、「図表2 婚活女性の4類型」における、「就活としての婚活派」と「完璧な結婚の追求派」は、男性に求める条件が明確（＝こじらせ度が低い）なために、出会いの機会が増えるほどに結婚で

図表4　婚活市場の力学2.0

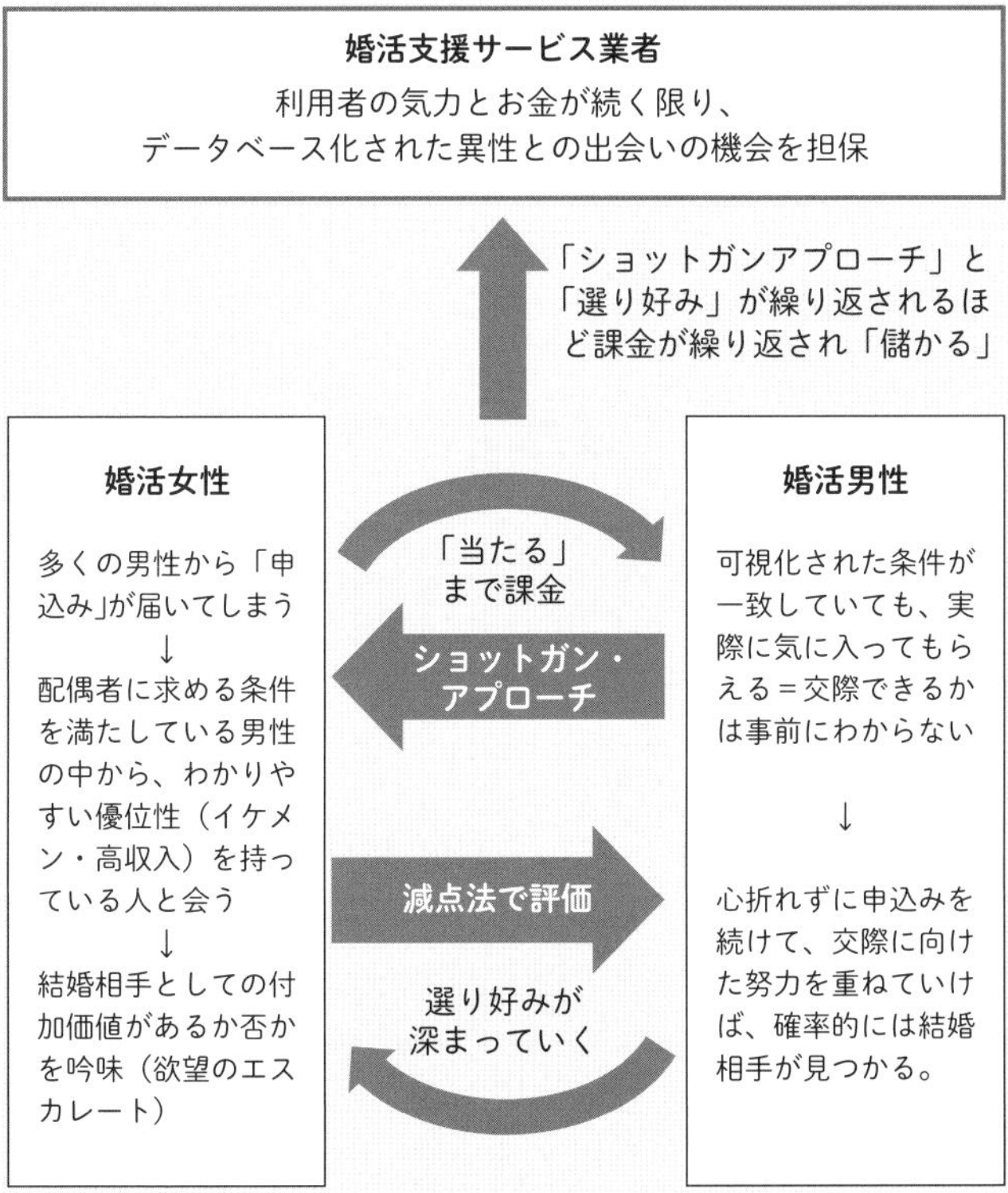
婚活支援サービス業者
利用者の気力とお金が続く限り、
データベース化された異性との出会いの機会を担保
「ショットガンアプローチ」と
「選り好み」が繰り返されるほ
ど課金が繰り返され「儲かる」
婚活女性
多くの男性から「申込み」が届いてしまう
↓
配偶者に求める条件を満たしている男性の中から、わかりやすい優位性（イケメン・高収入）を持っている人と会う
↓
結婚相手としての付加価値があるか否かを吟味（欲望のエスカレート）
「当たる」
まで課金
ショットガン・
アプローチ
減点法で評価
選り好みが
深まっていく
婚活男性
可視化された条件が一致していても、実際に気に入ってもらえる＝交際できるかは事前にわからない
↓
心折れずに申込みを続けて、交際に向けた努力を重ねていけば、確率的には結婚相手が見つかる。

きる可能性が高まります。いわば、負のサイクルはあるかもしれないが、うまく利用した人は結婚しているので問題がない（＝こじらせる利用者が悪い）と、婚活支援サービス企業は判断することになります。２０２０年代に入り、多くの婚活支援サービス企業の担当者が「現実を見ろ」と利用者に説教を発信しているのは、「こじらせること」が失敗の原因であり、「婚活市場に適応できれば結婚できる」とみなしているからであると考えられます。

第二に、婚活支援サービス業者のビジネスモデル上、負のサイクルが回るほどに「儲かる」仕組みになってしまっていることです。マッチング・アプリにしても結婚相談所にしても、月単位で利用料金が設定されている場合がほとんどです。男性がその料金の範囲で得られる権利を最大限行使（＝ショットガン・アプローチを展開）するほどに、女性は「こじらせ」を深めてゆき、マッチングからの成婚へとつながりにくくなります。業者側の収益は、単純化すれば「総会員数（既存会員＋新規入会者−退会者）×月会費」で決定するわけですから、会員が一月でも長く婚活を続けてくれたほうが、長期的な収益が確保可能になります。また、アプリでも結婚相談所でも、課金すれば「一月当たりの申込数の上限」を開放していくことも可能になっています。

もちろん、「利用しても出会えない」という評判が定着してしまうと婚活支援サービス業そのものが成立しません。しかし、現状の婚活市場は、この負のサイクルが作動していても、一定確率で男女がマッチングし、成婚退会までたどり着くことができます。この出会いと成婚が実際にあるという事実があるからこそ、当事者たちは負のサイクルを自覚しながらも現状を維持するという状況が出来上がってしまうわけです。

良くも悪くも、現在の婚活市場は図表4のような状況が成立してしまっていると考えられます。だとすれば、男性が、女性が、そして婚活支援サービス企業が、「どうすれば婚活はうまくいくのか?」の方法を見つけ出すためには、この婚活市場の力学2.0を前提とする必要があると考えられます。

第2部以後では、男性、女性、婚活支援サービス企業それぞれに実行可能な、婚活戦略について考えていきたいと思います。

第2部

婚活戦略
男性編

高橋勅徳
•
オオノリサ

第1部では、当時女子大生であったオオノさんの婚活経験を掘り下げていくことで、女性に対して婚活市場の力学がいかに働くのかを考察しました。この考察を踏まえて、高橋の前著『婚活戦略』で解き明かした男性側から見た婚活市場の力学を改訂した「図表4　婚活市場の力学2.0」（本書59頁）は、婚活市場において男女がそれぞれに「最適」と考える婚活戦略を遂行していくうちに、「どんどん結婚が難しくなる」という負のサイクルを表したものになります。

さて、現在の婚活支援サービス業界では、「婚活戦略」を掲げて美容、ファッション、話し方、婚活に臨む「折れない心」作り等がサービスとして提供されています。これらのサービスは、「選ばれるための自分磨き」と併せて、男性には「ショットガン・アプローチ」、女性には「結婚から得られる目標に基づいた自制心」というメンタルを持たせることを目的としているといえます。しかし、婚活市場の持つ力学とそこで繰り広げられる男女の婚活戦略の応酬が生み出す負のサイクルを踏まえれば、これらのサービスは「婚活戦略」として機能しづらいと考えられます。仮にこの「婚活戦略」が成功するとしたら、①男性が心折れることなくショットガン・アプローチを続け、②女性が選り好みを自制した場合に限られると考えられます。

それでは婚活市場とは、男性にとって針の穴を通すような確率でしか結婚にたどり着かない場所なのでしょうか？

少し前向きに考えてみましょう。「選り好み」の激しい女性は、それだけ結婚への強い意志を有している人であると考えることも可能です。だとすれば、男性側も婚活市場の力学2.0を理解し、利用することで、「結婚することへの強い意志」を持つ女性と上手くマッチングしていくという行為戦略としての婚活戦略が可能になるのではないでしょうか？　そこで第２部では、婚活市場の力学2.0を前提に、男性の婚活戦略2.0を考えていきたいと思います。

1 男性はどう、婚活市場と付き合うことができるのか？

1.1 恋愛資本の有無から、最適な婚活支援サービスをまず考えよう

婚活という概念が提唱され、日常用語として定着し、様々な婚活支援サービスが提供されるようになってから、男性にとって恋愛・結婚は、「自然の流れでなるようにしかならない」ものから「将来の結婚生活を想定し、意識的に異性との出会いの機会を増やし、成婚につながる関係構築を行う」活動へと変化しました。

婚活概念の生みの親である山田昌弘・白河桃子が2009年に発表した『うまくいく！男の「婚活」戦略：何もしないと結婚できない』（PHP研究所）は、意識して「出会いの機会の増大」を図り、女性に選んでもらえるような「魅力の向上」のために自分磨きをすることを婚活男性に求めています。どこまでアドバイスの解像度を上げていくのかという違いこそあれ、山田・白河（2009）の議論の延長線上で、現在の男性向け婚活指南書の多くも「出会いの機会の増大」と「魅力の向上」を婚活男性に求めています。

他方で、多くの男性向けの指南書が見落としているのが、恋愛経験の格差です。

実は、婚活を始めるにあたって、従来の議論で婚活の成否を左右する属性として指摘されてきた学歴・年収・職歴よりも先に考慮すべきは、自分が恋愛強者なのか恋愛弱者なのかを確認することであると本書では考えます。確かに、婚活アプリや婚活パーティー、結婚相談所を利用すれば、飛躍的に「出会いの機会」が増加します。しかし、そこから実際に女性と交際し、結婚できるか否かには、容姿や職業、年収といった客観的にわかる属性とともに、女性と恋愛関係を成立させるコミュニケーション能力が求められることになるからです。

実際、近年の家族社会学においては、様々な婚活支援サービスが誕生し、条件面でのマッチングが容易になったにもかかわらず婚姻数が伸びない原因について、恋愛資本という論点から議論されています。

例えば小林・大崎（2016）は、「人びとは恋愛経験によって、対人魅力やコミュニケーション能力を恋愛資本として蓄積し、それを有効活用することで結婚として回収する」（4頁）という仮説のもとで、過去の恋人の人数と恋愛経験（キス）の数と、結婚の因果関係について調査を行っています。既婚者の過去の恋人の数は男女合計で平均2・6人であり、交際人数と恋愛結婚との間には凸型の関係が見出されたことを指摘しています。男性の場合は、過去の恋人の人数が5・6人、キスをした人数は12・9人の男性が、恋愛結婚を実現するピーク層となったことを指摘しています[1]。

また荒川（2019）は、出生動向基本調査の分析を通じて、現在進行系で恋愛（＋婚約）をしている人が、男性は約25％、女性は約30％であることを指摘しています。ここで問題となるのは、年代ごとの男女間の比率に5～10％の開きがあることです。これは、①未婚男性が複数の女性と交際しているか、②未婚女性が既婚男性と交際しているか、のどちらかを意味しま

1　女性も同様の凸型の効果が生まれており、過去の恋人が8.2人がピーク層であった。

す[2]。つまり、3割弱の男性が女性と交際する機会を寡占しているという、強者男性と弱者男性の二分化が生じているのが現実である、ということが可能であると考えられます。

小林・大崎（2016）の調査に基づけば、過去に5人程度の女性と交際し、恋人としてスキンシップに至るまでのコミュニケーションを獲得できた人は、日常生活の中で異性を探索できる人脈と、実際に結婚に至る人間関係を構築できるコミュニケーション能力を有する、すなわち、配偶者探索において最適の恋愛資本を獲得している状態であると考えられます。そこで本書では、仮に過去の交際経験が0～3人以下を恋愛弱者、3～5人までを恋愛強者、6人以上を恋愛過多者と分類させていただくことにしました。この分類による恋愛資本の有無を踏まえ、それぞれの分類に当てはまる男性はどの婚活支援サービスを利用すべきなのかを考察してみましょう。

まず、「恋愛弱者男性」にカテゴライズされた場合、何よりも「出会いの機会」が恋愛資本の有無に関係なく獲得できる婚活支援サービスの利用を考える必要があると考えられます。厳しい言い方になりますが、日常生活の中で恋愛経験を獲得できなかったからこそ恋愛弱者であり、そういう男性こそ、婚活支援サービスの利用が求められます。

恋愛弱者男性の対局にあるのが、過去の恋人の数が6人を超える恋愛過多男性になります。

小林・大崎（２０１６）の調査では、彼らは恋愛資本の豊富さの割に、結婚のチャンスを逃していることが指摘されています。恋愛過多男性は、多くの女性から見て交際に足るだけの魅力と経験を積んでいるがゆえに、同時並行で、あるいは時間差のある形で短期間に複数の女性と交際してしまう傾向にあり、その結果、最終的に結婚にまで至らないと考えられます。

最後に、恋愛資本が恋愛結婚に最適化されている恋愛強者男性は、婚活支援サービスを利用しても利用しなくても、異性と出会い、交際から結婚に発展する可能性が一番高いカテゴリであるといえます。彼らが婚活支援サービスを利用する場合は、既存の人間関係の中で適切な女性と出会う機会がない場合に限られると思われます。同時に、恋愛強者男性が注意すべきは、婚活支援サービスを利用し出会いの機会が増大したことで、恋愛過多男性にクラスチェンジして、結婚の機会を逃すことがないようにすることだといえるでしょう。

---

2 荒川和久（２０２０）「自由恋愛が生んだ「恋愛格差」拡大という残酷さ：「現在恋人がいる率」になぜか出る男女の差」『東洋経済ONLINE』(https://toyokeizai.net/articles/-/329356) ２０２２年12月24日確認。

1.2 婚活市場の力学の基本を押さえよう

自身の恋愛資本の有無と、利用すべき婚活支援サービスとその注意点を知った上で初めて、婚活という場にどのような婚活戦略で臨むのかということを考えていくことが可能になります。

第1部でも指摘しているように、現在、多くの婚活男性が当然のものとして実行している「ショットガン・アプローチ」が女性の「選り好み」を可能とし、女性が高望みをし始めるという婚活市場の力学が働くことで、女性は婚期を逃し、それに伴って男性も結婚に至ることができないという負のスパイラルを引き起こしています。現在では常風景にまでなった婚活パーティーやマッチング・アプリの利用が、「婚活そのものが交際や結婚を遠ざけてしまう状況」を招いてしまっているのです。

とはいえ、婚活市場の力学を批判したところで、男性が結婚できるようになるわけではありません。婚活男性がまず考えるべきは、婚活市場の持つ独特の力学と上手く付き合い、少しでも可能性の高い婚活を実践していくことでしょう。

そこで、婚活支援サービスが持つ3つの機能―出会いの機会拡大、条件検索、価値創出・削減―に注目していきたいと思います。

婚活支援サービスの第一の機能は、これまでの日常生活の延長線上では出会うことがなかった異性と出会う機会を、誰もが平等に獲得できるようになることです。本書でもすでに指摘しているように、確率的には出会いの回数が増大するにつれて理想の異性と出会う可能性が高まるので、出会いの機会を拡大することは単純に結婚の可能性に直結すると期待されてきました。しかし、1.1で恋愛資本の有無から男性を恋愛弱者男性・恋愛強者男性・恋愛過多男性に分類したように、出会いの機会の拡大は、必ずしもすべての男性の「結婚の可能性を高める」とは限りません。成婚に至る前にまず異性と出会うことが求められる恋愛弱者の男性にとって、出会いの機会の拡大は必要不可欠になりますが、恋愛強者男性や恋愛過多男性は出会いの機会が拡大していくことで多股交際に至り、逆に結婚の機会を逃してしまう危険性が発生します（後述）。

第2の機能である条件検索は、婚活支援サービス企業が男女の効率的なマッチングを促すために、職業や年収、家族構成、婚姻歴などの属性で会員をデータ化し、「理想の配偶者」を条件検索することが可能なサービスとして実装しています。具体的には、マッチング・アプリのように会員自らが条件設定して異性を探索するものから、結婚相談所のように担当者が会員の希望を聞いてセレクションするもの、婚活パーティーのように参加条件を設定した出会いの場を用意するものまで、形態は様々になります。

婚活男性にとって「データ化」される属性は、自分磨きの重要項目になるだけでなく、「自分を配偶者として求める女性」がどこにいるのかを探る目安にもなりえます。その意味で、データ化された「自分自身」を磨き上げるだけでなく、婚活市場のどこに自分を位置づけるのか、いわばどのような女性に自分はアプローチしていくべきかというマーケティング的発想が、婚活市場の力学のもとでは可能になります。

最後に、婚活市場においてデータ化され、条件検索されることで、男性は女性から「交際し、結婚する価値があるか否か」を判断されます。このように、結婚する価値が創出されたり、時には削減されていく価値の創出・削減機能が婚活市場に備わっていることに注意が必要です。

婚活市場では、データ化された異性の中から、条件を設定して希望に沿う異性をピックアップし、比較することが可能になります。例えば、年収1、000万円は、婚活パーティーにおいて参加条件に設定されるように、ハイスペック男性の一つの目安になっています。実際、年収1、000万円の男性は、結婚適齢期の未婚男性のうち、4％程度しか存在しないとされています。しかし、条件検索によって女性が年収1、000万円以上の男性をピックアップし、その中で比較した場合はどうなるでしょうか？　その際に価値が発生するのは、優れた容姿であったり、職業のステイタスになるでしょう。この時、条件検索で容姿や職業、年齢で比較される場合と同じように、価値の創出と削減に直面することになります。男性は婚活支援サービスの利用にあたり、いかに自分の価値を創出し、削減されないようにするのか、慎重に考える必要があると考えられます。

2 恋愛弱者男性に可能な婚活戦略とは？

2.1 婚活市場の力学を利用するために、恋愛弱者男性にとって最適・最悪の選択は何か？

前章で紹介したように、過去の恋愛経験の積み重ねは恋愛資本として機能し、結婚適齢期での恋愛および結婚の格差を生み出しているとされています。恋愛資本に乏しい恋愛弱者男性が婚活に臨むには、婚活支援サービスの利用をまず前提とすべきですが、このサービスを利用することで生じる「メリット」と「デメリット」を熟知した上で、適切なサービスを選択し、利用していく必要があると考えられます。

まず、婚活市場で提供されるサービス―マッチング・アプリ、婚活パーティー、結婚相談所―は、「第三者が属性によって異性との出会いをコントロールしている場」であることに、注目する必要があります。

まず婚活支援サービス業者が提供するサービスは、「出会いの機会」を提供する機能に絞ったとき、弱者男性にも出会いの機会を提供しているという点で、非常に有用なサービスであると考えられます。（高橋自身もそうですが）恋愛弱者の男性の多くは、日常世界において女性と交際を前提とした出会いすら獲得できない状態にあります。前述したとおり、学校や部活、職場といった日常世界という「コントロールされていない場」において、女性との出会いは3割弱の強者男性に独占されている現実があります。その意味で、「出会いの機会を確保する」という観点から婚活支援サービスを利用することは、恋愛弱者男性にとって交際─結婚に向けて有効であると考えられます。

また、婚活市場は「結婚を前提とした交際相手を探索する場」として、男女ともに認識が共有された場であることも、恋愛弱者の男性にとって重要なことであるといえます。結婚をするためには恋人を作らねばならない→恋人を獲得するためには告白が必要になる、わけですが、「告白する」関係にまでたどり着くことができないから、恋愛弱者の男性であるといえます。この意味でも、恋愛弱者男性にとって「結婚を前提とした交際相手を探索する場」である婚活市場を利用することには、大きな意義があると考えられます。

他方で、婚活市場では「女性からあらゆる尺度で比較され」、運良く出会いの機会を獲得できたとしても、コミュニケーション内容から「伴侶としてふさわしい男性か？」「恋愛結婚ができる相手なのか？」を他の男性と比較されることになります。すなわち、条件検索機能と価値の創出・削減機能を有しています。恋愛弱者男性は幼少期から異性とコミュニケーションをとれず恋愛経験がないだけではなく、経済的にも容姿的にも「女性から選ばれるだけの価値」を過去から現在に至るまで持ち得ていないから、「弱者」である可能性があります。だとすれば、婚活支援サービスによって「出会いの機会」は平等に提供されるものの、「女性から恋人・配偶者として選ばれる」機会は、一部の強者男性に独占されやすいというデメリットも有していると考えられます。

この恋愛弱者─恋愛強者の違いを踏まえた上で、改めて婚活市場の持つ力学を見直すと、恋愛弱者男性が具体的に利用すべき婚活支援サービスは絞られてきます。

結論を最初に言ってしまうと、恋愛弱者男性にとって最適な婚活戦略の第一歩は、結婚相談所を利用することになると考えられます。

恋愛弱者男性が「弱者」の立場に甘んじてしまうのは、既存のネットワーク上に出会いの機会が少ないことに加え、女性と恋愛関係を構築するためのコミュニケーション能力に欠けるためです。マッチング・アプリや婚活パーティーは出会いの機会を獲得可能な上、コストパフォーマンスにも優れます。しかしながら、出会いの提供にサービスを特化しており、関係構築のサポート機能は有していません。恋愛弱者男性がこれらのサービスを利用した場合、優れた容姿か極端に良い年収を持つ恋愛強者／過多男性との競争に負け続けることが容易に予想されます[3]。

それに対して結婚相談所は、①女性会員も男性と同額の会費を払い、結婚を目的として活動している、②会員一人ひとりに担当者やカウンセラーが付き、交際から結婚までをサポートしてくれる、という婚活パーティーやマッチング・アプリにはない特徴を有しています。結婚相談所の担当者の紹介という形で女性と出会った時点で、「結婚を前提とした出会い」が条件付けられている上に、恋愛弱者男性にとって高いハードルとなる「デートに適した場所の選定」や「デートに適切な服装や髪型、会話のチョイス」をアドバイスしてくれるだけでなく、「正式な交際の申込み」も担当者の仲介という形で行うことが可能になります。いわば、恋愛資本の欠如を結婚相談所がカバーしてくれるわけですから、恋愛弱者の男性ほど、高い入会金と会費を支払う価値のあるサービスであるといえるでしょう。

2.2 恋愛弱者男性のターゲットになる女性は誰か？

結婚相談所の利用を決意し、決して安くはない入会金と月会費を支払い、婚活を始めたところで、恋愛弱者男性に大きなトラップが待ち構えることになります。

担当者やカウンセラーからの、ショットガン・アプローチの推奨です。

確かに彼らの経験上、お見合いの申込みや真剣な交際の申込みを何度断られても、心折れることなく申し込み続けていく男性が成婚につながったのは確かでしょう。しかしながら、会員一人ひとりに担当者やカウンセラーが付いている結婚相談所というサービスの性質を踏まえると、容姿の好みであったり、職業や学歴といった条件でピックアップし、該当する女性にショットガン・アプローチを仕掛けていくことは、むしろ女性の疲労感を増やしつつ、「選べる立場」を与えて「高望み」のスパイラルを助長するだけではないでしょうか。

ここで改めて考慮すべきは、第1部で「図表2　婚活女性の4類型」（本書45頁）として描

3　恋愛資本の少なさを少しでもカバーする自分磨きとして、婚活パーティーを利用してコミュニケーション能力を磨いていくという利用方法はありえると考えられます。

図表2　婚活女性の4類型（再掲）

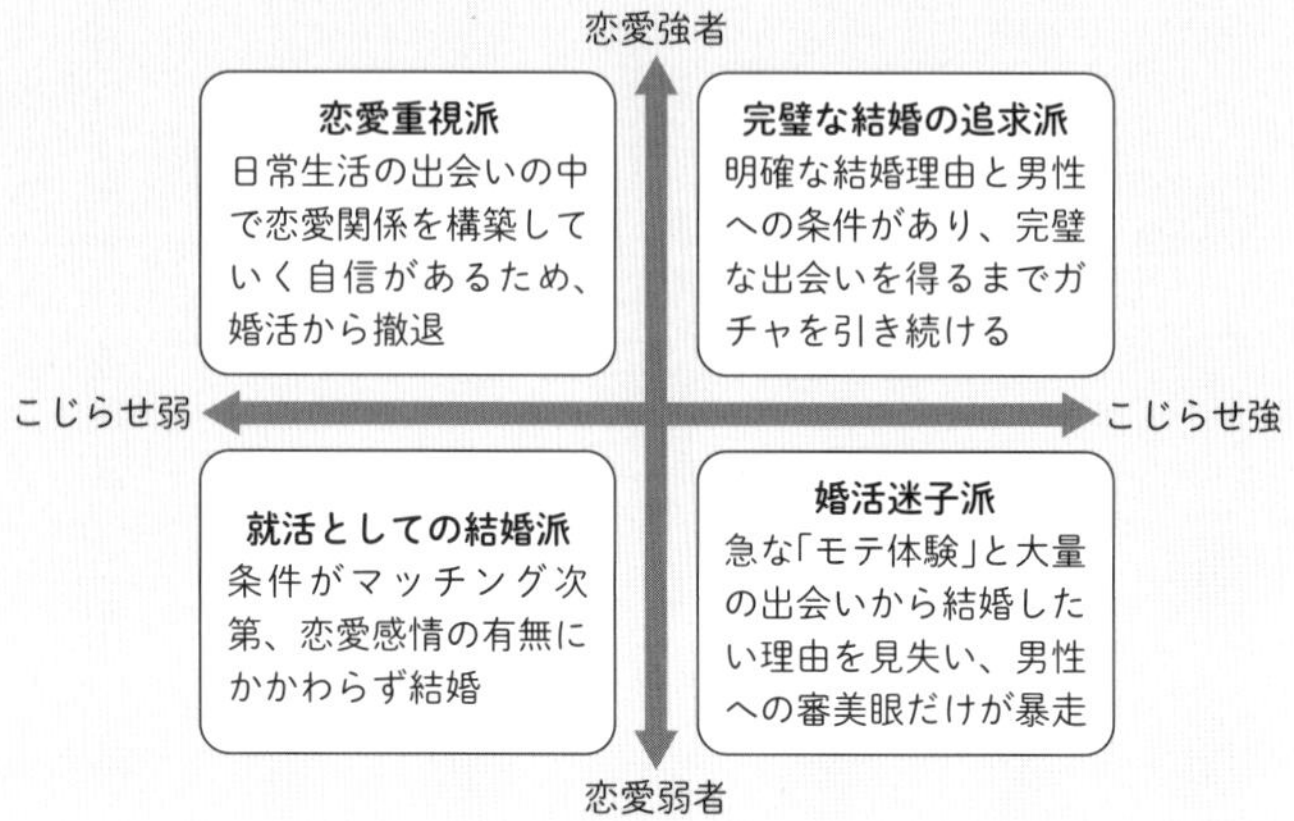
恋愛強者
恋愛重視派
日常生活の出会いの中で恋愛関係を構築していく自信があるため、婚活から撤退
完璧な結婚の追求派
明確な結婚理由と男性への条件があり、完璧な出会いを得るまでガチャを引き続ける
こじらせ弱
こじらせ強
就活としての結婚派
条件がマッチング次第、恋愛感情の有無にかかわらず結婚
婚活迷子派
急な「モテ体験」と大量の出会いから結婚したい理由を見失い、男性への審美眼だけが暴走
恋愛弱者

いたように、女性にも恋愛弱者と恋愛強者の違いが存在し、こじらせの程度で4種類にカテゴライズされることです。

恋愛弱者である異性と交際するためのコミュニケーションスキルに欠ける男性の場合、結婚相手の条件として「恋愛関係の発生」を求める（特に恋愛強者の）女性とのマッチングは非常に困難であると考えられます。同様に、婚活市場の力学の中で、「より良い条件」を求めて強くこじらせてしまった女性に対しても、容姿・財力・社会的地位が相当のスペックでない限り、交際から成婚のルートに乗ることは非常に困難であると考えられます。

どちらにせよ、これらのカテゴリに当てはまる女性と交際し、結婚にまでたどり着くためには、それこそ「恋愛によって条件の壁を突破する」という恋愛弱者の男性にとって攻略不可能に近い困難に直面すると考えられます。

だとすれば、恋愛弱者の男性にとって、ターゲットとなるのは「就活としての婚活派」の女性であると考えられます。このカテゴリに当てはまる女性と効率的に出会うために、担当者と綿密にコミュニケーションをとり、紹介してもらうことが、恋愛弱者男性が最初に目指すべき、婚活市場と上手く付き合う婚活戦略の第一歩であると考えられます。

2.3 コミュニケーションの円滑化のために趣味を極めてみよう

さて、結婚相談所を上手く利用し、ターゲットとなる「就活としての結婚派」の女性と効率的に出会える状況を手に入れた上で、恋愛弱者男性が直面するのは、他の男性会員との競争になります。競争相手が恋愛強者／恋愛過多男性の場合、為す術なく敗退してしまうかもしれません。運よく競争相手が同じ恋愛弱者男性の場合、女性側が配偶者に求める条件を満たしていることを大前提に、それにプラスαできる価値をどこまで演出できるのか、が婚活の成否を分ける鍵となってきます。

第3部「1.3 恋愛弱者女性のこじらせ方：付加価値の追求と婚活迷子」において詳細に記述

していますが、就活として婚活を捉えている婚活女性も、婚活市場において「強烈なモテ」を経験していくうちに、半ば諦めていた「恋愛結婚」が自分も実現できるのではないかと、恋愛のトキメキを求めて「こじらせていく」可能性があります。特に婚活市場では、「条件検索」で配偶者に求める属性が揃えられるだけに、比較を繰り返すうちに男性に条件以上の付加価値として恋愛感情を求めてしまうことは避けることはできません[4]。とはいえ、この恋愛感情を女性に抱かせることは、恋愛弱者として最もハードルが高いものであると考えられます。だとすれば、なんとか出会う機会を獲得できた「就活としての婚活派」の女性が、「結婚すべき運命の相手かもしれない」と感じるような（時には恋愛感情と錯覚するかもしれない）付加価値を獲得する必要があると考えられます。

この付加価値をどう発生させるのか？

容姿やコミュニケーションスキルは磨いておくに越したことはないでしょうが、弱者男性である限り、その道の勝者である恋愛強者や恋愛過多者と同じ土俵で勝負しては劣勢に陥ることが確実であると予想されます。

年収は、婚活を始めてから、高収入の恋愛強者・恋愛過多男性を圧倒するレベルまで上げることは困難でしょう[5]。実家が桁外れの資産家や名家である場合は、付加価値として利用可能かもしれませんが、そのような男性はすでに結婚していると予想されます。

そうなると残るのは、趣味という属性になります。とはいえ、女性の趣味と自分のそれが一致していればよい、という単純なものではありません。婚活市場では、趣味や結婚後に求めるライフスタイルに基づいて、条件検索を行うことが可能です。つまり、趣味やライフスタイルの単なる一致では、女性が結婚を決断するような付加価値になりえないのです。

そこで、趣味を付加価値にまで昇華させるため、「極める」ことを自分磨きとして考える方向性を、本書では提案したいと思います。もちろん、「趣味」は極めるほどに専門性が高くなり、同じ趣味を持つ、あるいはその趣味に関心を持つ女性の絶対数は減ることになります。しかし、趣味を極めていくことは、たとえ恋愛強者男性・恋愛過多男性との競争となっても、勝

4 小澤・山田（2010）は、婚活が成立して以後、結婚相談所の仲人たちも、条件面を満たした上で、女性は恋愛感情を配偶者選択の根拠に求めていることを指摘している。

5 高橋（2021）は、婚活市場で容姿の圧倒的な不利や趣味の完全なる不一致を乗り越えられる年収を、20代で1,000万円、30代では2,000万円、40代であれば5,000万円と考察している（98頁）。

ちうる可能性を持つことになります。それこそ、「趣味を極めてしまう」ことは、同じ趣味を持つ女性からは尊敬の対象になりえますし、その趣味の特殊性が高いほどに出会いの希少性が増し、運命の出会いと感じてもらいやすくなります。つまり、恋愛弱者男性が、努力で勝ち取ることができる数少ない競争優位の武器が、趣味を極めることになるのではないでしょうか。実際の出会いの場でのコミュニケーションの場面を想定すれば、同じ趣味を共有している者同士が偶然出会った時、あなたがその趣味を「極めている」ことは、容姿やコミュニケーションスキルの不利を超えてあなた自身の魅力向上につながる可能性が出てくると考えられます。

2.4 婚活市場とはターゲットを細分化することができる場である

本節ではここまで、恋愛弱者男性が婚活市場で選ぶべきサービス、狙うべき女性の属性、交際・成婚へとつながりうる付加価値の発生について考察してきました。

この一連の議論の根底にあるのは、婚活市場では恋愛弱者男性・恋愛強者男性・恋愛過多男性の三者による非対称戦が行われており、恋愛弱者男性は婚活支援サービスを利用して単に出会いの機会を増やしても、圧倒的に不利な戦いを強いられ続けてしまうという現実です。そこで恋愛弱者男性が女性に見初められるためには、「他の男性に対する競争優位を獲得するために、いかに市場を細分化し、自分にとって有利な状況を作るか?」という発想を持つことが必要になると考えられます。

この発想のもとで本節では、恋愛弱者男性でも結婚相手として選択肢に入れてもらえる女性のカテゴリとして「就活としての婚活派」の女性をターゲットに想定し、恋愛弱者男性であっても、恋愛強者・恋愛過多男性と同じ土俵で戦う付加価値を獲得できる手段として、「趣味を極める」という新たな婚活戦略を提案しました。

この提案は、「他の男性に対する競争優位を獲得するために、いかに市場を細分化し、自分にとって有利な状況を作るか?」を前提にしていますので、ターゲットとなる女性のカテゴライズ方法や、自分の付加価値をいかに作り込んでいくのかについては、多様な方法がありうると考えられます。しかし、注意せねばならないのは、「他の男性に対する競争優位を獲得するために、いかに市場を細分化するのか?」という婚活戦略は、女性を条件検索できる婚活市場のサービスの利用を前提としていることです。つまり、婚活市場の力学を生み出す、婚活支援サービス企業が提供するサービスの機能を味方につけて初めて、恋愛弱者男性は、恋愛強者・恋愛過多男性と対等に競争する立場を得られることを忘れないようにしてください。

3　恋愛強者・恋愛過多男性のための婚活戦略

3.1　恋愛強者・恋愛過多男性が婚活市場を利用するにあたっての注意点

平均的な男性（結婚までに2.6人の異性と交際）よりも恋愛経験が豊富な恋愛強者・恋愛過多の男性には、そもそも婚活そのものが必要ないかもしれません。ただし、何らかの事情で婚活を始めることを決意した場合、婚活市場の持つ独特の力学がもたらす現象について、予め理解しておく必要があると考えられます。

第一に、婚活市場がコンテクストフリーの出会いの場であることに注意が必要です。恋愛強者・恋愛過多男性は、必ずしも容姿が優れている（＝イケメンである）から恋愛経験が豊富であるわけではありません。学校や職場のように中長期的な関係維持を前提としているネットワークの中で、「格好良い」「○○はモテる」という評価を獲得している状態です。恋愛強者・恋愛過多男性が学生時代から継続して磨き上げてきた「異性を惹きつける」ための細やかな活動の結果として、「交際相手として魅力的な男性である」とネットワーク内の他者から評価を獲得している状態であり、いわば近年の婚活研究（家族社会学）において議論されている恋愛資本を有していると言い換えることができるかもしれません。

それに対して、マッチング・アプリや婚活パーティー、結婚相談所などの婚活市場では、恋愛強者・恋愛過多男性がネットワーク内で獲得してきた「評価」を共有していない女性と出会い、同じく無関係の男性とシビアに「交際相手・結婚相手として適切なのか？」と比較評価されることになります。

このことを踏まえると、容姿にやや難点がありつつ、過去の活動の積み重ねから「モテる男性」という評価を獲得してきた恋愛強者・恋愛過多男性の場合、婚活市場ではシビアに容姿や年収などの属性のみを評価されてしまうと、「まったくモテない」という状況に陥る可能性があることに注意が必要です。

第二に、婚活市場においては、出会いの機会を多く獲得できることゆえの弊害です。

恋愛強者・恋愛過多男性は、婚活市場において日常生活で獲得してきた「評価」そのものは無効化されるものの、女性の目線を意識したファッションや振る舞い、過去の豊富な恋愛経験で獲得してきた異性とのコミュニケーション能力を有しています。特に、婚活パーティーのように対面の場で短時間に多くの男性と比較されるような場では、これらの能力は極めて有効であるといえるでしょう。

しかしながら、出会いの機会を多く獲得できる場で多くの女性を同時進行で惹きつけていくわけですので、婚活市場において恋愛強者・恋愛過多男性は日常生活よりも多股交際に発展しやすい状況に陥ります。そうなると、多股交際で「人間関係を気にせず、モテる状況を楽しめる」という恋愛強者・恋愛過多男性特有のこじらせを発生させ、特定の女性との結婚を先延ばしにしていく危険性が生まれると考えられます。だからこそ、小林・大崎（２０１６）の過去の交際人数が６人を超える男性の結婚率が下がるという逆説の指摘を心に刻み、婚活支援サービスを利用していく必要があると考えられます。

3.2　恋愛強者・恋愛過多男性のターゲットとは？

さて、第２部２において、恋愛弱者男性が狙うべき女性は、配偶者に求める条件が明確に決まっている「就活としての婚活派」であること提案しました。

それでは、恋愛強者・恋愛過多男性が狙うべき女性は、どのタイプの女性になるのでしょうか？

結婚に至る判断基準に恋愛感情の発生を求めるロマンティック・マリッジ・イデオロギーが支配的ロジックとなっている現代社会において、恋愛資本を有する恋愛強者・恋愛過多男性は圧倒的に有利な状況にあります。山田（２０１６）が期待する「恋愛で条件の壁を突破する」ことが可能な男性は、恋愛強者・恋愛過多男性に当てはまるといえるでしょう。このような男性は、特に婚活に臨む女性のタイプを意識しなくても、婚活支援サービスを利用し、拡大する出会いの機会を有効活用（＝ショットガン・アプローチを展開）するだけで、遠からず結婚にたどり着くと考えられます。

とはいえ、男性にとっても時間と金銭は有限です。可能な限り、交際・結婚に至る可能性の高い女性にターゲットを絞るべきでしょう。

恋愛強者・恋愛過多男性がどのような女性をターゲットとして選択していくのかを判断するために、「恋愛強者・恋愛過多男性の分類」を作成しました（図表5）。まず、この分類のどこに自分がプロットされるのかを、自分の身を振り返って考えてみてください。

この図表の基準となるのは、一時期ＳＮＳ上を賑わせた、女性が配偶者に求める平均的男性像である「身長１６５㎝以上で体重は60～80㎏。都内では５００万円以上稼ぐことができる仕事、地方であれば銀行など大手企業や公務員を職業としている、容姿は星野源」となります[6]。

この基準に当てはまる恋愛強者・恋愛過多男性が「平均的モテ男」となり、おそらく、恋愛強者・恋愛過多男性のボリュームゾーンであると考えられます。実はこのタイプの男性は、

図表5　恋愛強者・恋愛過多男性の分類

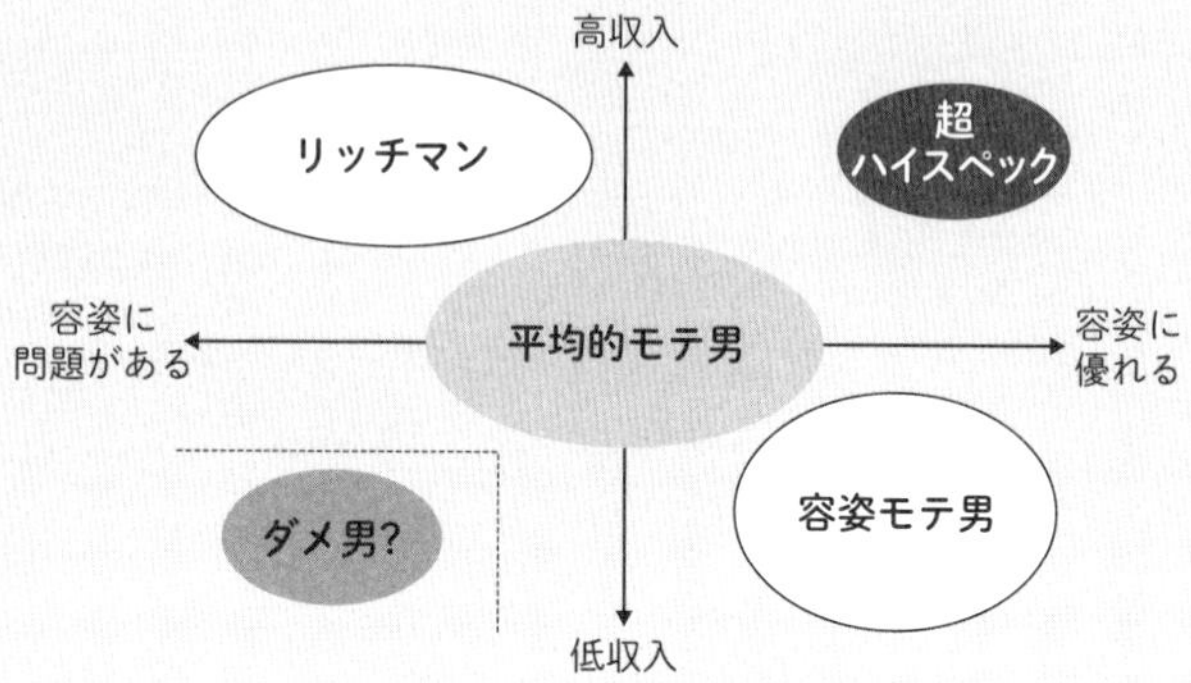
高収入
リッチマン
超
ハイスペック
容姿に
問題がある
平均的モテ男
容姿に
優れる
ダメ男?
容姿モテ男
低収入

「就活としての婚活派」の女性をターゲットとすると突出した収入を持つ男性と、「恋愛重視派」の女性をターゲットにすると突出した容姿を持つ男性との競合に負ける可能性を有します。どのカテゴリの女性をターゲットにすることもできますが、どのカテゴリでも相対優位を築き上げることが難しいといえます。その意味で、「恋愛重視派」と「就活としての婚活派」の女性をターゲットとして手数で勝負（＝ショットガン・アプローチを展開）して、確率的に勝負していくのが最適の戦略であるといえるでしょう。

次に、容姿がジャニーズタレントや人気若手俳優レベルと優れていながら、500万円以下の年収もしくは安定職種を得ていない恋愛強者・恋愛過多男性は、「容姿モテ男」にカテゴライズされることになります。このカテゴリの男性のうち、年齢が若い場合（20代前半）、後のキャリアアップ次第では後述する「ハイスペック」に進化する可能性があると考えられます。

容姿モテ男の方たちは、収入面で「就活としての婚活派」や「完璧な結婚の追求派」の女性からは弾かれる可能性が高くなります。むしろ、「恋愛重視派」の女性にターゲットを絞り、「収入の壁を恋愛で突破する」ことを目指すのが最適な戦略になりうるでしょう。

必ずしもイケメンとはいえないが、高い収入を獲得している男性（＝リッチマン）は、容姿の不利を金銭的な投資（ファッションや美容のケアやデートやプレゼントへの投資）によってカバーしているタイプであるといえます。このようなリッチマンの場合、経済的な条件を重視する「就活としての婚活派」の女性に「恋愛」という付加価値を提供することで、効率的に婚活を展開していくことが可能であると予想されます。

恋愛強者・恋愛過多男性のカテゴリの中で容姿年収ともに突出しているゾーンに入るのが、

6　プレジデント・オンライン「「年収500万円の星野源似」を"普通の男"と考える婚活女性の悩ましさ」(https://president.jp/articles/-/41569?page=1) 2022年12月24日確認。

超ハイスペック男性です。このような男性はすでに結婚している可能性が高いと考えられますが、何らかの事情で婚活に挑む場合もあるでしょう。この超ハイスペック男性は、どのような女性を婚活のターゲットとするかを考慮する必要性はなく、自分が配偶者に求める条件を要求できる数少ない男性であるといえます。あえて言えば、「完璧な結婚」を求める女性から複数アプローチされ、その中から最も条件に合う女性を選ぶ、という行為が可能になるかもしれません。また、意図的に「婚活迷子派」の女性との出会いを優先していくと、「なにか違う」と言われて交際を断られたり、戸惑われたりするという、新鮮な恋愛体験を獲得できるかもしれません。

最後に、容姿年収ともに優れていないにもかかわらず、モテる男性が存在することを我々は経験的に知っています。おそらく、容姿や年収の低ささえも、女性の恋愛感情の発生につなげられる特異なコミュニケーション能力の持ち主であると考えられます。本書では仮にこのタイプの男性を「ダメ男」とカテゴライズしておきたいと思います。

ダメ男に当てはまる男性は、1対1の対面コミュニケーションの前に、シビアに容姿や年収を比較される婚活市場での活動に最も向いていないカテゴリであると考えられます。しかし、自らの生活圏内では、おそらく「不思議な魅力のあるイイ男」という評価を獲得しているタイプの男性であると考えられるため、日常生活圏を拡大していくことで女性と出会う機会を広げていくことが有効なのではないでしょうか?

3.3 恋愛強者・恋愛過多男性に最適な婚活サービス

さて、恋愛強者・恋愛過多男性は、恋愛弱者の男性と比較して遥かに優位な婚活を展開していくことが可能です。婚活戦略の内容や利用すべき婚活支援サービスについて特に深く考えなくても、成婚に至る交際相手を獲得することが可能であると考えられます。

とはいえ、図表5で示したモテタイプのカテゴライズを前提としたとき、効率や確実性の観点から、それぞれのタイプの男性にとって最適化された婚活支援サービスの選択がありえるのではないでしょうか。

まず、容姿に優れ年収に劣るタイプの男性(=容姿モテ男)は、年収に関係なく、容姿を恋愛感情発生の基準として配偶者探しをしている「恋愛重視派」の女性との出会いの機会を確保していく必要があります。そのような女性と効率的に出会うためには、Tinderのように容姿の優位性がマッチングに直結するフロー型のマッチング・アプリの利用が最適であるといえるでしょう。

次に、容姿には劣るが傑出した収入を持つ男性（＝リッチマン）の場合は、「就活としての婚活派」の女性との出会いが効率的になるため、収入面での優位性をアピールしつつ、恋愛資本のスキルを発揮できる婚活パーティーの利用が最適であると考えられます。この際、「ハイスペック男性向け」のパーティーを選択するのではなく、あえて「趣味」や「年齢」でカテゴライズされるパーティーを選択することで、突出した収入を比較優位として演出しやすくなることを意識するのがよいでしょう[7]。

容姿でやや優位で平均的な年収の男性（＝平均的モテ男）については、突出した容姿や年収を持つ恋愛強者・恋愛過多男性との競合に負ける可能性が高いため、多くの女性にアプローチして確率的にマッチングの頻度を上げていくショットガン・アプローチを展開する必要があります。この場合、女性に対して容姿から属性まで様々な情報を提供できる、Pairsのような一般的なマッチング・アプリを利用するのが、最もコストパフォーマンスが高くなると考えられます。

最後に、容姿が優れ突出した収入を持つ男性（＝超ハイスペック）については、どのサービスを選んでも問題はありません。あえて「理想の結婚相手」と出会うための効率性を求めるのであれば、ハイスペック女性のみを集める結婚相談所を選択し、担当者に条件を伝えてセレクションしていくのがいいと考えられます。

3.4 選択肢を限定するために婚活支援サービスを利用しよう

最後に、恋愛強者・恋愛過多男性が婚活支援サービスを利用し、成婚につなげていくための最大の注意点を書いておきたいと思います。

婚活支援サービスを利用することで、男性は女性と出会う機会が大幅に増加することになります。女性を惹きつけ、恋愛関係に至ることが意識的にも無意識的にも得意な恋愛強者・恋愛過多男性は、出会いの機会が大幅に拡大した結果、多数の女性と同時交際する可能性が高くなってしまいます。そうなってしまうと、「結婚しようと思っても、誰か1人を選べない」状態に陥ったり、最悪の場合は、「多くの女性と恋愛関係を結ぶことが自己目的化」していくことで、婚期を逃す可能性も生まれると考えられます。特に、婚活支援サービスを利用すること

7 ハイスペック男性向けのパーティーに参加した場合、容姿と年齢の両方で女性はマッチング相手を選択する。詳しくは高橋（2021）『婚活戦略』の第3章を参照のこと。

で、恋愛強者男性が恋愛過多男性にクラスチェンジしてしまうことは、避けるべき課題であると考えられます。

とはいえ、婚活支援サービス、特にマッチング・アプリを利用して過去にも例がないくらい「モテる状況」を獲得し、それに酔わずに冷静に婚活に取り組むことは難しいと考えられます。だとすれば、恋愛強者・超ハイスペック男性が真剣に婚活に取り組むのであれば、結婚相談所の利用をおすすめします。なぜなら、結婚相談所を利用することで、物理的に「ショットガン・アプローチがマッチング・アプリより制限される」状況に置かれるだけでなく、「結婚を前提とした交際」が強調され、さらに、結婚相談所の担当者が「監視役」として「複数の女性と同時に交際できない」状態を作り出してくれるため、多股交際が物理的に不可能になるからです。

さらに、恋愛強者・恋愛過多男性が結婚相談所を利用することで、ショットガン・アプローチの展開が抑えられることにもなりますので、女性にとっては負担感が減り、より多くの男性に結婚の機会がもたらされるという点で、男女双方の幸福にもつながると考えられます。

4 婚活市場の「外」にユートピアはあるのか？

第2部では、婚活市場の力学を前提に、恋愛資本の差から婚活男性を、恋愛弱者男性・恋愛強者男性・恋愛過多男性に分類し、利用すべき婚活支援サービスと実行可能な婚活戦略について考察してきました。

ここまで読了いただいた時点で、「これほど面倒かつ理不尽な努力をせねばならないのなら、婚活支援サービスを利用せずに、日常的な出会いから結婚相手を探そう」と考える男性もいらっしゃるかと思います。特に、女性との出会いと交際に不自由を感じていない、恋愛強者・恋愛過多男性ほど、そういうふうに考えてしまうと思われます。確かに、婚活支援サービスを利用することで、多くの恋愛強者・恋愛過多男性も他者と客観的に比較されることになり、自身の競争優位を削減されてしまうわけですから、「面倒かつ理不尽」と感じてしまって当然だといえます。

しかし、婚活という考え方が日常生活にまで浸透してしまった現在では、恋愛弱者のみならず、恋愛強者・恋愛過多男性であっても、婚活市場の「外」が自由かつ楽しく婚活できるユートピアではなくなりつつある現実を、第2部の最後にお伝えしておきたいと思います。

高橋が前著『婚活戦略』の原稿を入稿した後の2021年3月頃、友人から紹介された女性（5歳年下）とお見合いした時の話です。食事を食べながら30分程度過ぎた頃に、ため息をつきながら、その女性は次のような言葉を発しました。


「あなたみたいなのが、そんないい仕事に就いているのがもったいない。学生も、同じ授業を受けるなら、イケメンのほうがいいに決まっているじゃん。期待した私が馬鹿だったわ」


高橋自身がブサイクな恋愛弱者であることを受け入れた上で、彼女の発言は実は極めて示唆に富んだものでした。

まず、「もったいない」という彼女の発言に注目すると、実に興味深い考え方が見え隠れすることに気づきました。

おそらく彼女にとって、大学教員で年収1，000万円、5歳年上という高橋のスペックは、結婚相手の条件を満たしていたのだと思われます。ただ、年収や年齢という条件を満たしているからといって、私を配偶者として選ぶ「価値」にはなりません。だとすれば、彼女にとって

「この人とだったら結婚してもよい」と思える価値は、年収や年齢「以外」の何かであり、それが彼女にとっては「容姿」であったのでしょう。だからこそ、「容姿」以外の条件が揃っている私との出会いが、自分が結婚したい相手と出会う機会損失に思えてしまい、「そんないい仕事に就いているのがもったいない」＝「その条件でイケメンなら選べたのに。ブサイクがいい仕事に就いているから、私が結婚できないじゃないか」という意味の発言をぶつけてきたわけです。

また、この日のお見合いは、婚活市場の「外」での出会い、つまり、日常生活の中において、地縁・血縁・職縁といった人と人とのつながりをベースにした出会いでした。いわば、人間関係の中で私も彼女も結婚相手として紹介に足る人物であると評価されていることを意味するとともに、たとえこの出会いをお断りするにしても、人間関係のしがらみから面会相手を無下に扱ってはならない、という状態にあったはずでした。

しかし彼女自身は、イケメンや高収入男性とは、マッチング・アプリや婚活パーティーでいくらでも出会える状態にあります。それなのに、血縁者や友人、職場の関係者から、普段アプリだと「交際・結婚相手」から弾くような男性（高橋）を「いい人だ」と紹介されたことは、「あなたはその程度の価値しかない」と突きつけられたようなものだったのです。いわば彼女は、関係者から見下され、安く値踏みされたから、その関係者に推薦された私のキャリアや能力をすべて無視する、侮辱的な発言をして意趣返ししたわけです。

このように、日常生活にまで婚活市場での価値判断基準や行動パターンを持ち込んでしまう女性が現れつつあるということは、高橋のようなブサイクな恋愛弱者に限らず恋愛強者・恋愛過多男性も、婚活市場の「外」(=日常生活)では同じような局面に直面する可能性があることを意味するわけです。

図表5で示しているように、一部の超ハイスペック男性と比較すれば、ほとんどの男性は容姿か収入のどちらか、あるいは双方で大きく劣る存在です。そして、女性は婚活支援サービスによって、超ハイスペック男性と出会う可能性を常に手にしていることを忘れてはなりません。婚活女性は今や日常生活でも男性を様々な条件から比較し、交際相手・結婚相手としての適・不適を判断しているのが現実であると考えられるのです。

第3部

婚活戦略 女性編

オオノリサ
●
高橋勅徳

1 婚活女性が婚活で迷子にならないために

第3部では、女性のための婚活戦略について考えていきたいと思います。

女性向けの婚活戦略というと、「男性にウケるメイクやファッション」「男性に惚れさせるための会話術」「○○男子が狙い目」といったものが多く見受けられます。婚活戦略を名乗ってSNS上で活動している方の多くが、結婚相談所の経営者・相談員やカウンセラーを本業とされています。

本書ではそのようなアドバイスとは異なる、婚活市場の持つ独特の力学を上手く使いこなす視点から、女性の「婚活戦略」を考えていきたいと思います。

1.1 婚活市場における女性の「こじらせ方」に注目しよう

女性が婚活するときにまず知っておくべきことは、人生で経験したことがない「強烈なモテ」を婚活では経験できてしまうということです。極端な言い方をすると、婚活をして「結婚できない女性」は存在しないといえます。ここまでで指摘しているように、婚活市場ではショットガン・アプローチが男性にとって最適化された婚活戦略であるため、程度の差はあれ、これまでに経験のない「モテ経験」の状況の中で、自分が「最善」と思う男性を1人選ぶだけで結婚できるからです。

しかし、婚活をしても結婚できない女性がいることもまた事実です。その原因は極めてシンプルで、「強烈なモテ体験」の中で「こじらせて」しまうからです。婚活支援サービス企業に従事する方々の多くが女性に対して「現実を見て妥協しろ！」と声を揃えてアドバイス（もしくは説教）しているのは、「こじらせ」なければ女性は簡単に結婚できるからです。

とはいえ、「現実を見て妥協をしろ！」という業界からの声は、女性の婚活について一面的な理解であり、実際の婚活女性の心には刺さらないアドバイスなのではないでしょうか。

なぜなら、女性は、マッチング・アプリや婚活パーティーなどの婚活の場で「より若く」「よりイケメン」で「より高収入」な男性が実在することを知ってしまっています。そういった男性にアクセスする機会と権利が担保されている女性に「現実を見て妥協をしろ！」と言うのは、極めて失礼な言葉です。皆同じ金額のバイキング形式のランチに参加した時、メインディッシュのごちそうを前に「あなた程度の人間は、この先にある料理は食べるのはふさわしくない」と店員に静止されるのと同じです。「なんで？」と怒りを感じることはあっても、「仕方ない、他の料理（他の男性）を取りに行こう」とは思えません。「現実を見て妥協しろ！」というのは、婚活市場におけるハイスペック男性の希少性を考慮すれば正しいアドバイスかもしれませんが、当事者の主観的感覚としては「極めて失礼かつ理不尽」だといえます。

また、「こじらせ方」が女性ごとに違うことに注目してアドバイスをしている方が非常に少ないことも、女性の心に届かない原因だと考えます。「図表2　婚活女性の4類型」（本書45、78頁）で説明したように、女性のすべてが「理想の配偶者」を求めて「選り好み」した結果、こじらせているわけではありません。恋愛強者の女性は、婚活市場の仕組みそのものに違和感を感じながらも、理想の恋愛結婚ができる相手を求めて婚活市場を出入りし、こじらせていきます。恋愛弱者の女性は、過去にない「強烈なモテ体験」から結婚相手に求める条件を上方修正しているうちに、「結婚したい理由」を見失ってこじらせてしまいます。つまり、こじらせている内容の違いを無視して「現実を見て妥協をしろ！」といっても、婚活女性の心には刺さらないと考えます。

他方で本書では、婚活市場では「強烈なモテ体験」ができるだけでなく、これまでの人生で出会うことのなかった種類の男性と出会う機会が得られるからこそ、女性がこじらせすぎて交際や結婚の機会を失ってしまうことはもったいないと考えます。そこで、まずは婚活市場において、自分がどのようなこじらせ方をしてしまう可能性があるのかについて知っておく必要があると考えられます。

そのスタートとなるのは、自分が恋愛強者か恋愛弱者かのどちらにカテゴライズされるのかを知ることだと、本書では考えます。

第1部のオオノさんの婚活体験の分析でも書かれているように、恋愛強者の女性は婚活市場の仕組みそのものに違和感を感じ、婚活市場で結婚相手を見つけることを諦める場合がありま す。他方で恋愛弱者の女性でも、結婚相手に求める条件が明確な場合は、婚活市場のサービスを上手く利用してスムーズに結婚できることがあります。

理想の結婚相手を求めて婚活している中で男性のあらゆる面に吟味を重ねることは、決して悪いことではありません。しかし、オオノさんが「上から目線で評価する」と表現したように、出会う相手すべてにダメ出しをするように、吟味そのものが自己目的化していく「こじらせ」は回避する必要があります。しかし、婚活市場での「強烈なモテ体験」を、恋愛強者の人はうまくやり過ごすことができるかもしれませんが、恋愛弱者の人は「戸惑い」や「勘違い」を繰り返して「こじらせ」てしまう危険性があります。

女性の婚活にとって恐ろしいことは、何よりもこの「こじらせ」です。結婚相手に求める条件や理想の結婚生活を思い描く前にやるべきことは、こじらせを防ぐために、自分が「恋愛強者／恋愛弱者」のどちらに当てはまるのかを知ることなのです。

では、自分は恋愛強者／恋愛弱者のどちらに当てはまるのか。それを知るためには、まず、過去に何人の男性と交際した経験があるのかについて振り返ることが必要となります。小林（２０１４）の調査に基づき、結婚前の恋人の平均人数である３人（3.3人）で恋愛強者と恋愛弱者の線引きをしたいと思います。恋愛強者と恋愛弱者の違いは、男性とのコミュニケーション能力のスキルに依存すると考えられます。とはいえ、そのスキルが何なのかは、既存研究では明らかにされていません。そこで、「そのスキルを有している」＝「過去に一定数の異性と交際した経験がある」という前提で考えていきたいと思います。

交際人数をひとまずの尺度として受け入れることで、図表6のようなフローチャートで、婚活女性の「こじらせ方」と「適合する婚活支援サービス」を考えていきましょう。

1.2 恋愛強者女性のこじらせ方：恋愛重視と玉の輿狙い

恋愛強者or恋愛弱者であるかを見極めたら、次に、それぞれのタイプがどのような「こじらせ」を発症しうるのかについて知っておく必要があります。

図表6　婚活女性のためのサービス選択フローチャート

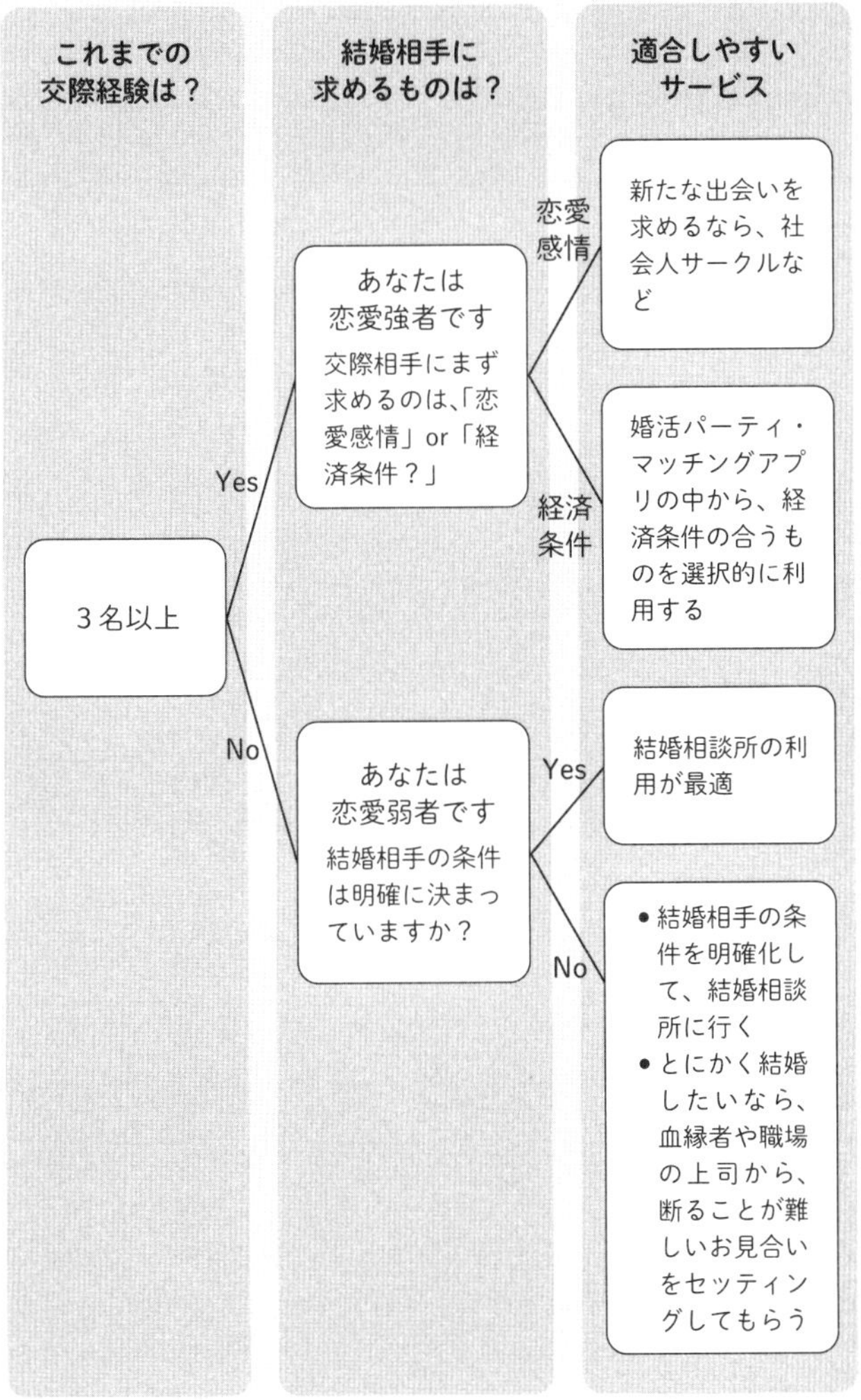
これまでの交際経験は？
結婚相手に求めるものは？
適合しやすいサービス
3名以上
Yes
あなたは恋愛強者です
交際相手にまず求めるのは､「恋愛感情」or「経済条件？」
恋愛感情
新たな出会いを求めるなら、社会人サークルなど
経済条件
婚活パーティ・マッチングアプリの中から、経済条件の合うものを選択的に利用する
No
あなたは恋愛弱者です
結婚相手の条件は明確に決まっていますか？
Yes
結婚相談所の利用が最適
No
• 結婚相手の条件を明確化して、結婚相談所に行く
• とにかく結婚したいなら、血縁者や職場の上司から、断ることが難しいお見合いをセッティングしてもらう

ただし、恋愛強者にカテゴライズされた女性が、他の女性と比べて容姿の面で優れていると は限りません。恋愛強者の女性たちは、自ら男性と出会いの機会を作り恋愛関係を構築するスキルに長けている人たちであり、容姿は要素の一つであると考えられます。もちろん、現実には容姿に優れ、恋愛スキルにも長けている恋愛強者の女性が、婚活市場で無双しているように見えてしまうかもしれません。しかし、実際には容姿の優劣よりも、男性にとって魅力的に見える何らかのスキルを持っているということが、程度の差はあれ、男性からの申込みが恋愛強者の女性により集中しやすくさせていると考えられます。

とはいえ、恋愛強者の女性が婚活市場で簡単かつ確実に「理想の配偶者」を見つけて結婚できるかというと別問題となります。

ここで、恋愛強者の婚活女性はどのような「こじらせ方」をしてしまうのかを知るために、女性が結婚相手に求める条件が「恋愛結婚ができる相手」と「経済的条件を満たしている相手」の場合を見てみましょう（図表7）。

第1部で指摘しているように、恋愛強者の女性は婚活市場の仕組みそのものに違和感を感じて不適合を起こす可能性があります。異性と恋愛関係を構築するスキルに優れているからこそ、婚活パーティーやマッチング・アプリのように短時間で定型的な出会いとコミュニケーション

図表７　恋愛強者の「こじらせ方」

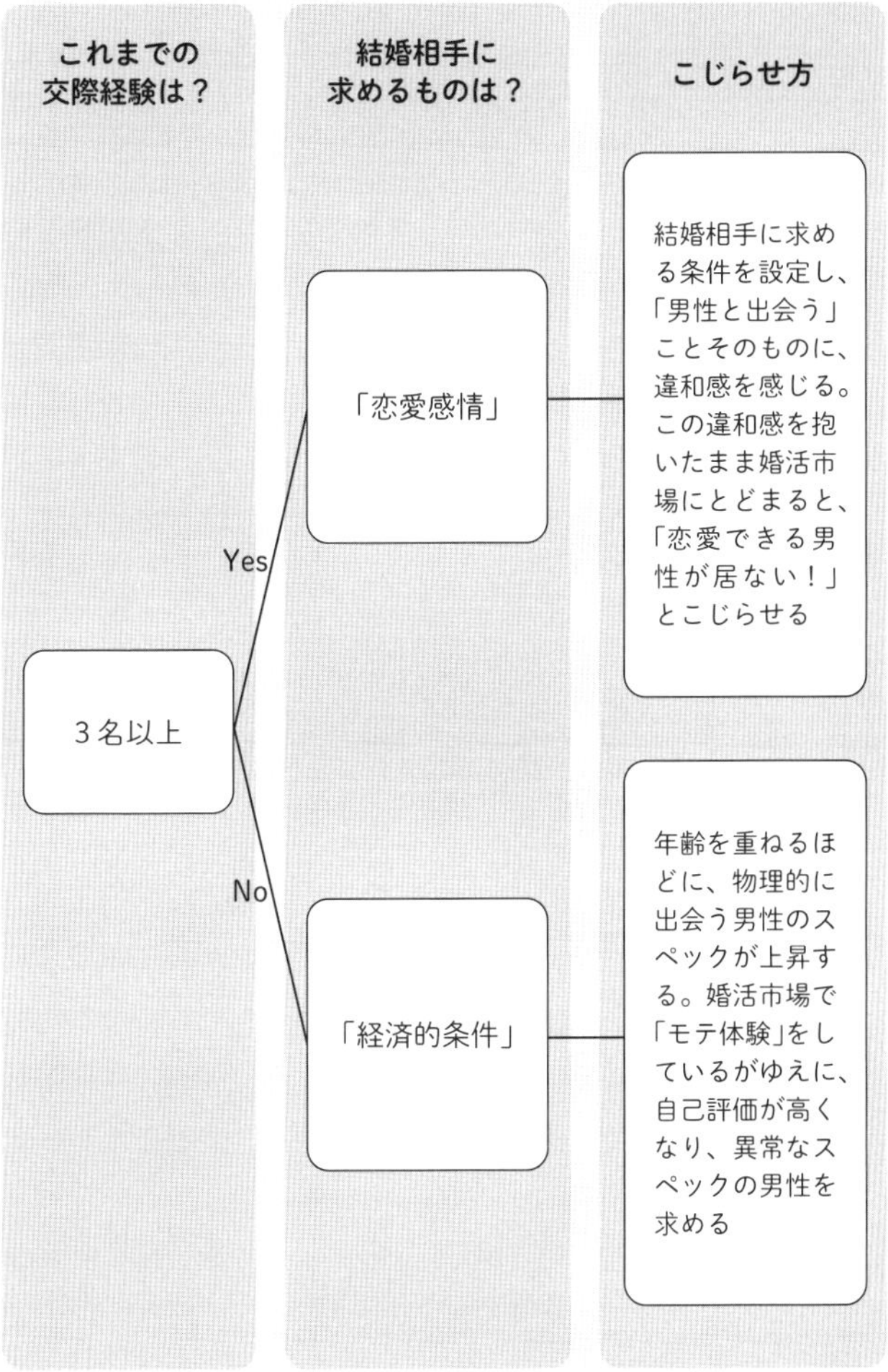
これまでの交際経験は？
結婚相手に求めるものは？
こじらせ方
３名以上
Yes
No
「恋愛感情」
「経済的条件」
結婚相手に求める条件を設定し、「男性と出会う」ことそのものに、違和感を感じる。この違和感を抱いたまま婚活市場にとどまると、「恋愛できる男性が居ない！」とこじらせる
年齢を重ねるほどに、物理的に出会う男性のスペックが上昇する。婚活市場で「モテ体験」をしているがゆえに、自己評価が高くなり、異常なスペックの男性を求める

しかできない婚活サービスに不満を感じやすくなります。さらに、男性とのコミュニケーションを深め「いいところ」を見つけ「惚れる」という経験を重ねてきたからこそ、関係の浅い男性を「上から目線で評価」してしまう自分に嫌悪感を抱く傾向が高くなります。そういう女性が婚活市場で結婚相手を探すことは、難しいだけでなく、自己嫌悪の果てに婚活疲れに陥る可能性が高くなります。

他方で恋愛強者の女性は、異性との関係構築に自信をもっているため、より良い条件の男性を求めて婚活していくことも可能です。それこそ、誰もが初めての出会いとなる婚活市場では、恋愛強者の女性は、自分の有する恋愛能力を最大限活かすことができる、と気づいてしまうかもしれません。しかし、恋愛強者の女性だからこそ、婚活市場において陥るもう一つのこじらせ方があります。結婚相談所のカウンセラーが「美人が結婚できない理由」としてよく挙げる、「玉の輿を目指した過度な選り好み」問題です。

婚活市場では、ほとんどの女性は「強烈なモテ体験」を経験することで自己評価がより高くなり、「もっと良い男性と結婚できるのではないか?」と考えがちになります。特に20代から30代、30代から40代へと年齢を重ねるごとに、婚活市場で出会うことのできる男性の経済的スペックは高くなっていきます。統計上は全男性のうちの数%以下の存在でしかありませんが、

30代半ばから40代以上であれば、仕事の関係で婚期が遅れがちな開業医や弁護士、企業経営者など、億単位の年収や資産を有する男性と出会うこともあるでしょう。婚活パーティーや結婚相談所では男女の出会いを大体5歳差以内の年齢で設定しますので、20代後半以後、婚活パーティーで女性は今までと桁違いの年収を持つ男性と出会う機会が増えていくことになります。

さて、日常生活において、後輩女子の出現や自分のお局化などで昔ほど男性にモテなくなってきたな、と感じ始めた恋愛強者のアラサー女性が、婚活を始めた瞬間から「強烈なモテ体験」とともに、「今までと桁違いの年収の男性」と出会う機会を得たらどうなってしまうでしょうか？ 自分が「恋愛強者」としての自信があるからこそ「もっと良い男性を捕まえられるはず」と「高望み」を始めてしまう、と簡単に予想できると思います。婚活という行為に貴重な時間を費やしていくほどに、その時間がサンクコストとしてのしかかり、投資した時間を回収できる男性を求めてさらなる高望みをするという負のスパイラルに陥ってしまいます。こうなると、「現実を見ろ」という説教は本人のプライドを逆なでするだけです。恋愛強者の女性が最も避けるべき「こじらせ」は、この負のスパイラルであると考えられます。

1.3 恋愛弱者女性のこじらせ方：付加価値の追求と婚活迷子

恋愛弱者女性のこじらせは、恋愛強者女性のそれとは異なると考えられます。

ここまで何度も繰り返しているように、婚活市場で女性は、差こそあれ今までにない「強烈なモテ体験」を得ることになります。この「モテ体験」は、恋愛弱者の女性にも、２つのルートで「こじらせ」を発症させると考えられます。

恋愛弱者女性はどのようにこじらせうるのか、について表現したのが「図表8　恋愛弱者女性のこじらせ方」です。恋愛弱者女性がどのような「こじらせ方」をするのかは、結婚相手に求める条件を明確に決めているか否かで異なってきます。

「結婚相手に求める条件」を決めて婚活を始めた恋愛弱者の場合、婚活市場で男性が実施するショットガン・アプローチによって「強烈なモテ体験」と「選べる立場」を得て、「より高い付加価値を求めたこじらせ」を発症すると考えられます。

婚活市場の場合、よほど無理な条件を設定しない限り、大量に届く「マッチングの申込み」の中から、条件に合った複数の男性と出会うことができます。この「条件と合致した複数の男性」と簡単に出会えてしまうことが、実は大きな罠となります。複数の候補男性が存在するのであれば、「より価値のある結婚ができる相手」を求めてしまうのは人間として当然の心理で

図表8　恋愛弱者女性のこじらせ方

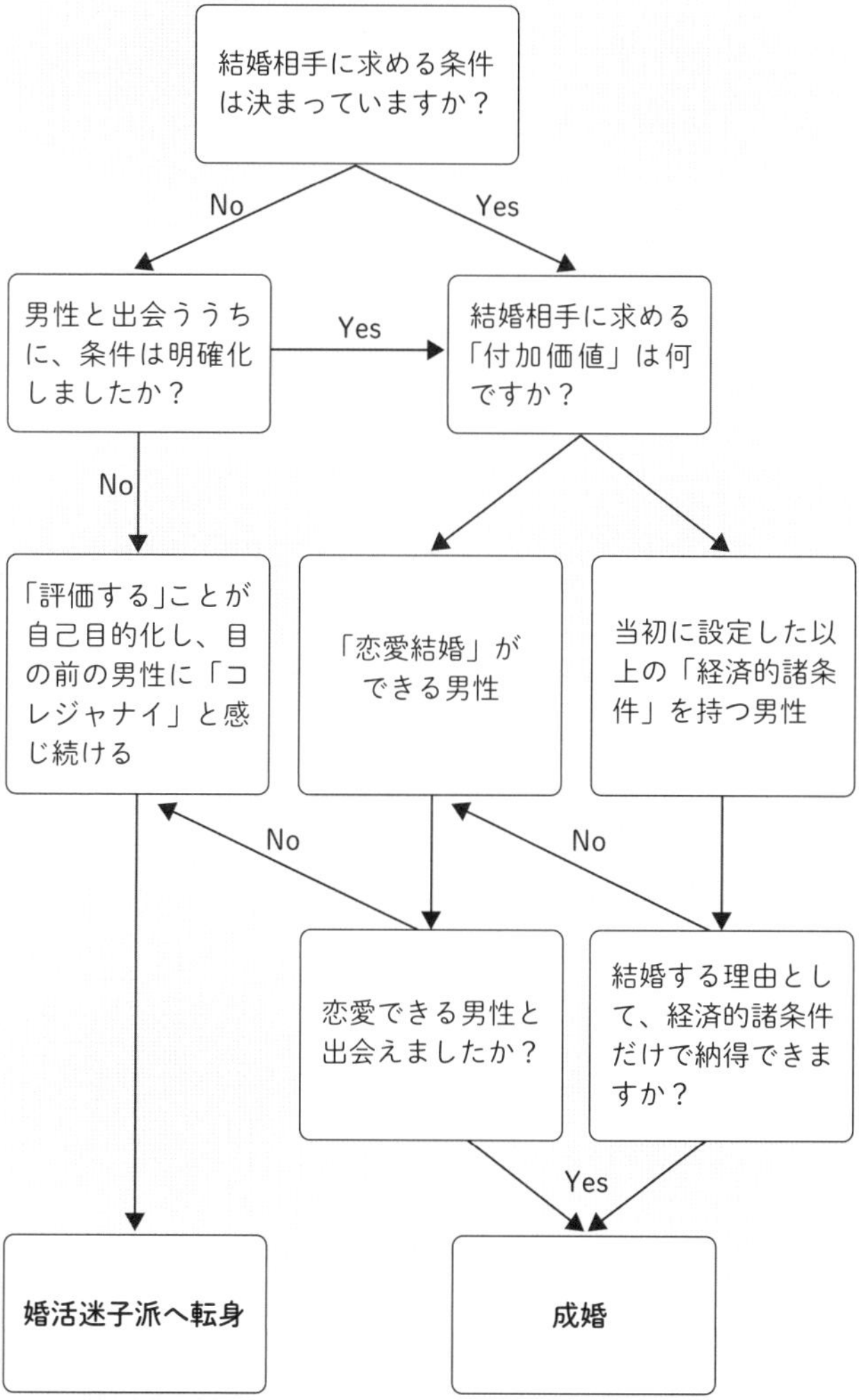

す。「より価値のある相手」とは、自分が設定した条件と合致した上で、プラスアルファの価値（＝付加価値）をもたらしてくれる男性となります。経済条件を設定していたなら、容姿や年齢が付加価値になります。容姿や年齢を条件として設定したなら、年収や職業が付加価値となるでしょう。

そして、年収・職業・容姿・年齢といった、一般的な結婚相手に求める条件がすべて揃った相手が現れた場合はどうなるでしょうか。今度は、その中から「恋愛感情」を抱ける相手かどうかが付加価値になってしまいます。ロマンティック・ラブ・イデオロギーのもとで恋愛結婚が支配的価値観となっている現在（関内２０１０）、恋愛弱者の女性が実は最も求めている付加価値とは、婚活でも恋愛結婚ができることなのかもしれません。

他方で、「結婚相手に求める条件」を明確に決めないまま婚活に臨んだ恋愛弱者女性の場合、強烈なモテ体験の中で自分自身をコントロールできなくなるパターンがあります。恋愛弱者の女性は男性とのコミュニケーション経験が少ないため、「配偶者に求める基準」がないまま男性との出会いを繰り返すと、「どのような人を探して、結婚を目指して関係を構築していくのか」を、自分でコントロールできなくなります。「こういう人と結婚したい」という明確な基準を持っていないため、次々とマッチングを申し込んでくる多数の男性のスペックを比較して、

「あの人と比べて、ここがダメ」という比較評価を繰り返します。彼女たちは「結婚相手に求める条件を持たないまま」出会いを繰り返していくうちに、比較してダメ出しをしていくことが常態となってしまうのだと考えられます。このような女性が、婚活迷子派となってしまうのではないかと思います。

婚活市場で男性に求める条件を弄《いじ》くり回し、いろいろな男性と出会っては「何か違う」と言い始めるという意味で、この両者は同じ症状を抱えているように見えます。しかし、「付加価値追求派」と「婚活迷子派」では「こじらせる経緯が異なっており、それゆえに、婚活には異なるアプローチが必要であると考えられます。

2 恋愛弱者女性のための婚活戦略

前節では「図表8 恋愛弱者女性のこじらせ方」をもとに、婚活中の女性に生じる「こじらせ方の違い」を分析してきました。この章では、このこじらせ方を踏まえた上で、恋愛弱者女性の婚活戦略を考えていきたいと思います。

本書で考える「婚活戦略」は、恋愛弱者の方が「モテる」ようになるためのファッションやメイクの仕方、コミュニケーションのとり方を指すのではありません。婚活市場の仕組みを味方につけて、むしろ、恋愛弱者のままでも理想とする男性と出会って結婚するための方法を「婚活戦略」として集中的に考えていきます。

2.1 恋愛弱者女性が婚活迷子派にならないためには？

恋愛弱者の女性が婚活に臨むにあたって求められるものは何なのでしょうか。

付加価値追求派の女性にとって、婚活における付加価値とは、男性に求める条件を明確に決めた上で複数の候補者を選出し、さらに比較していくことでしか確認できません。それゆえに、男性を比較考量する基準としての条件を設定し、「選り好み」をしていく過程が必要不可欠となります。

もう一方の婚活迷子派は、今まで「男性とちゃんと話すことも難しい」という状況だったのに、婚活を始めたその日から積極的に男性から声をかけられる状況になってしまいます。この強烈なモテ体験とコンテクストフリーに様々な男性と出会える婚活市場に飲み込まれ、次から次へと出会う男性を比較して目の前の男性にダメ出ししていくうちに、「ろくな男性がいない」

と愚痴をこぼし続けるという、恋愛強者のそれと似た負のスパイラルに陥ってしまいます。この負のスパイラルに陥らないために、「結婚相手に求める条件」を設定し、「男性にダメ出しするのではなく、配偶者となりうる男性を選ぶ」という姿勢に自分をコントロールしなくてはいけません。

ところが、付加価値追求派・婚活迷子派双方にとって、この条件設定というものが曲者になります。例えば、近年話題になった、婚活女性が男性に求める平均的な男性像を確かめてみましょう（次頁図表9）。この女性が求める結婚相手の平均像は、日本人男性の平均年収から「このような男性は現実的にほとんど存在しない」と批判されています。星野源の容姿というレベルは個人の好みに依存するので人それぞれですが、それ以外の条件に合致する男性と出会うことだけに限定すれば、実は難しいことではないと考えられます。さすがに20代前半で年収500万円以上の同年代の男性と出会うことは稀だと考えられますが、30代半ば以上になるとこの平均像に近い男性に出会うことはそれほど難しくないかと思います（実際に、交際→成婚のルートに乗れるかは別ですが）。

そして、出会うこと自体が「それほど難しいことではない」というのが、実は罠となってしまいます。

図表9　女性が求める結婚相手の平均像[1]

- 身長165cm以上、体重は60～80kg
- 都内では500万円以上稼ぐことができる仕事、地方であれば銀行など大手企業や公務員を職業としている
- 容姿は星野源

婚活パーティーや結婚相談所では、年齢差5歳で出会いの場をセッティングされる場合が大半です。そうすると、20代から30代へ、30代から40代へと女性の年齢が上がるほど、実は高収入を得ている男性と婚活で出会う機会が増えていきます。そういう出会いが増えていくほどに、女性は結婚相手に求める条件を上方修正していくことになります。その先に待つのは、出会うほどに結婚したい相手を見失うという悪夢です。

この悪夢を止めるための親切心から、結婚相談所のカウンセラーの方々は「現実を見て、地に足をつけた婚活をしましょう」と提案したり、時には説教をすることになるのです。しかし実際には、出会いを重ねるごとに結婚相手に求める条件を上方修正していくこと、つまり「選り好み」自体には大きな問題はありません。なぜなら、この「上方修正」は多くの場合、女性が婚活で出会った男性から導き出されるものだからです。問題は、際限なく「上方修正」をし続け、自分が結婚相手に求める付加価値も条件すらも見失い、結婚のチャンスそのも

のを逃していくことにあります。

それゆえに、恋愛弱者の女性が婚活の悪夢に陥らないために必要になるのは、「婚活を終わらせる」ための根拠作りとなります。この根拠の範囲内で条件を設定し直したり修正することは、納得して結婚するための「選り好み」として肯定してよいのではないでしょうか。

それでは、「婚活を終わらせる根拠」とは何でしょうか。

関内（2010）は、婚活が定着して以後、女性が結婚に求める効用を、①生存婚＝不安定かつ低賃金の雇用環境から主婦として脱却する、②依存婚＝高収入の年収800万円以上の男性と結婚し専業主婦になることを目指す、③保存婚＝キャリアや趣味の充実を可能とするパートナーを求める、の3類型に分類しています。生存婚＝現在の雇用環境に見切りをつけたキャリアチェンジとしての結婚、依存婚＝玉の輿を目指した結婚、保存婚＝趣味やキャリア継続のための生活インフラづくりとしての結婚、と言い換えることもできるでしょう。

1　プレジデント・オンライン「「年収500万円の星野源似」を〝普通の男〟と考える婚活女性の悩ましさ」（https://president.jp/articles/-/41569?page=1）2022年12月24日確認。

本書では、この関内（2010）が提唱した結婚する効用の3類型は、婚活市場で女性が経験する力学を踏まえたとき、「婚活を終わらせる根拠」とするにはやや物足りないものがあると考えます。

しかし、婚活市場において女性は、程度の差こそあれ「モテ体験」を経て、複数の男性からの交際申込みから「選べる」立場を獲得します。そうすると、生存婚は依存婚に簡単にスライドすると考えられます。結婚を職場から家庭への転職と考えれば、「より待遇の良い家庭」を提供してくれる男性を探し求めることは当然といえるでしょう。婚活で生存婚を目的とした結婚が選択されるとすれば、一分一秒でも早く今の環境から脱出しないと命に関わるような環境に置かれた女性の場合と考えられるのではないでしょうか。このことを踏まえると、婚活市場が成立し、日常にまで定着した現在、生存婚と依存婚は合わせて「就職婚」と呼び替えてもいいかもしれません。

それに対して保存婚は、婚活業界では価値観マッチングと呼ばれ、まずは「結婚後の家庭生活に求める価値観」の一致を結婚の基準にする方針がとられています。おそらくは、「価値観の一致」を理由に、経済的な条件の不一致を克服していくことを期待した方針であると予想されます。

婚活市場に大量の男性が参加している現状を踏まえると、よほど極端なニーズ（高すぎる年収や極端な趣味趣向）でない限り、就職婚であっても保存婚であっても、（ある程度は）条件を満たす複数の男性と出会えると考えられます。しかし、「強烈なモテ」の中では、「これ以上の婚活を止める根拠」を持つ男性が誰なのか自分ではもはや判断がつかない、というのが実際のところなのではないでしょうか。

したがって、婚活に臨む女性にとって最も必要なのは、婚活における、「モテ体験」の中で自分が結婚相手に求める条件を決めることです。そして、「婚活を終わらせる根拠」とできる「付加価値」の条件を決めることです。付加価値追求派も婚活迷子派も、この「男性に求める条件」を基準として持って婚活サービスを利用することで初めて、自分が納得できる男性と出会って交際から成婚へのルートに歩みを進めることができるのです。

つまり、すべての恋愛弱者女性にとって婚活のスタートラインは、「結婚相手に求める条件」を設定することであり、「結婚相手に求める条件をクリアしている複数の男性」を発見した上で、納得いくまで「こじらせずに選り好み」をし、比較優位の価値を持つ男性を見つけることが、「婚活迷子派」にならないためのプロセスとなるのです。

2.2 付加価値を追求する婚活戦略：「条件のインフレ」を目指そう

2.1で述べたとおり、恋愛弱者の女性が最短で成婚に向かうルートとして考えられるのが、「条件が決まっている」場合です。この場合、経済的条件で検索した男性のリストの中から付加価値が高い男性をピックアップし、面会を重ねていく中で良好な関係を築き上げることが可能な男性と、仮交際→真剣交際→成婚というルートをたどることになるでしょう。

もちろん人間である限り、男性に求める条件が上方修正されていくことを避けることは出来ません。しかし、条件設定が年収・学歴・職業・家族構成など定量化できるものであれば、そのインフレはある程度の活動期間を経て「物理的に止まる」（＝高止まりする）と考えられます。というのも、条件を細かく設定していくほど、リストアップ可能な男性の数が減るからです。マッチング・アプリや婚活パーティー、結婚相談所に登録し、すべての男性を比較考量してベストの1人を探し当てることは不可能です。だとすれば、実質的には、「自分が結婚相手として満足できる条件」を設定し、ほとんどの男性を「半自動的に切り捨てる」ことで、比較考量という情報処理と意思決定を可能にしていきます。マッチングの申込みを受けた男性のリストの中から、年齢、年収、学歴、職業の組み合わせを考えつつ選り好みしているうちに、いくつかの組み合わせに集約されていく（＝高止まりする）と考えられます。この高止まりした水準のうち、居住地から物理的に面会可能な男性、そこからさらにプロフィール写真やPR文から「ピンときた」出会ってみたい男性となると、実質的には十数人に収まってしまうと考えられます。

そもそも婚活市場とは、結婚したい相手を条件で設定し、比較して出会いを作ることが可能な場所です。だとすれば、「このままでは結婚の機会を逃すから、現実を見て、今、出会えた人と結婚しなさい」と、どんなに言葉を選んで説得（説教）されても、納得できるはずがありません。むしろ、条件が高止まりし、他の条件で何度も検索をかけても「会ってみたい人リスト」がそれ以上変わらなくなるまで徹底して調べ尽くしてしまうほうが、「婚活を止めよう」、すなわち、「これ以上こじらせず、結婚に向けて男性と向き合ってみよう」という感情にたどり着く近道であると考えられます。特に、結婚相手に求める条件が明確にある、付加価値追求派の女性が結婚に至るには、選り好みは不可避に通らねばならない必要悪であると考えられます。

この選り好みと条件の高止まりを経験して初めて、実際に「出会ってみた」男性の中から、「婚活を止める根拠」となる付加価値を有した男性を探索していくことが可能になります。年収で比較すれば、相対的に最も高い年収を持つ男性を見つけることができます。そこに職業を組み合わせれば、最も高い年収を持つ安定職種の男性をスクリーニングすることができるでしょう。さらにそこから、男性の家族構成や婚姻歴、趣味、容姿など条件を絞り込んでいけば、現実的には「婚活を止める根拠」を持つ男性は、数人の男性に絞られていくと考えられます。

ところが、条件を納得いくまで修正を続けて「条件に合致している男性」をリスト化し、出会った男性の容姿や性格についても「いい人」だと思ってもなお、「コレジャナイ」と交際↓結婚ルートへ突入することを回避してしまう場合があります。このような方は、前述したように「付加価値」として「恋愛」を求めていると考えられます。ここまで「選り好み」を徹底していったからこそ、最後に求める付加価値が「恋愛を経験できるのか?」ということなのだと考えられます。

ここでもやはり問題となるのは、恋愛弱者であることです。

婚活で「この人となら結婚してもよい」と条件が満たされた時、「選んでもらえるだけの魅力が自分にあるのか?」という不安とともに、目の前の男性に対して「恋愛感情をまだ抱いていない自分」に疑問を持ちます。そして、その感情を処理できないまま、「一目惚れできる男性と出会う」ことを求めて、条件をいろいろ設定し直して、男性の選び直しを始めてしまう泥沼に自らハマり込んでしまいます。実は、ここで必要なのは、その男性と交際し恋愛感情を実際に育んでいくことです。その方法については婚活迷子派にも共通する問題でもあるため、**2.4**

で議論したいと思います。

2.3 婚活迷子にならないために「外部装置」として結婚相談所を利用してみよう

さて、恋愛弱者の女性が婚活迷子から逃れるためには、2つの可能性があると考えられます。第一の可能性は、結婚相手に求める条件を仮にでも設定して高止まりするまで選り好みを続けた果てに、結婚を決断しうる付加価値を持つ男性と出会えた場合です。

このためには、できるだけ明確に結婚相手に求める条件を決めることが求められますが、実はこれが難しいのも確かです。第1部の恋愛強者にカテゴライズされるオオノさんでさえも、マッチング・アプリの利用に際して思い悩んだのが、「結婚相手に求める条件」でした。そもそも最初から明確に男性に求める条件を決められる人が婚活迷子派になるわけはありませんし、様々な男性からマッチングの申込みを受ける「モテ体験」の中で、いろいろな男性の存在を知って目移りして自分を見失ってしまうことは極めて自然であると考えられます。

だとすると、先程も指摘した「自分のコントロールを失わない」ことが重要であり、その意識づけができないから婚活迷子派になるのだと考えられます。そのような方が、マッチング・アプリや婚活パーティーのように、自分で「出会いたい男性の条件」を設定するサービスを利用するのは、迷子の度合いを深める危険性が高いと考えられます。

逆に婚活迷子派の方にとって最も適合するのが、一人ひとりに担当者やカウンセラーが付く、結婚相談所となります。入会金と月会費が高いだけでなく、結婚相談所という響きそのものに二の足を踏む女性も多いかと思います。しかし、結婚相談所では担当者やカウンセラーが付く、ということが最も重要です。自分で朧気ながらにしか自覚しておらず、状況に流され迷走しやすい「結婚相手に求める条件」について、相談して明確化していく相談相手ができるからです。

もちろん同じ相談なら、親兄弟や友達とできるかもしれません。しかし、結婚相談所の担当者やカウンセラーは膨大な男性会員のデータベースを持っており、ディスカッションから婚活女性の希望を明確化しながら、実際の候補者を選定して提案してくれる機能を持っています。これらは、マッチング・アプリや婚活パーティーにはほとんど期待できない機能です。つまり、婚活迷子派からいち早く脱却するための外部装置として、結婚相談所を利用していくのが最善であると考えられます。

婚活迷子派の女性が交際から成婚に至る第二の可能性が、婚活サービスを利用して出会った男性が女性に一目惚れして、その男性に女性も一目惚れしていきなり恋愛結婚に至るという展開です。現実的には可能性は低いですが、実は恋愛弱者の女性が求めている婚活はこのパターンではないでしょうか。

ここで注意しないといけないのは、自分自身が恋愛弱者であるということです。奇跡的な確率でお互い一目惚れの両思いの機会を得たとしても、恋愛スキルの少なさゆえにその機会を逃してしまう可能性が高いのではないでしょうか。そもそも、恋愛弱者の女性は恋愛経験が浅いために、男性から向けられる自分への好意／男性に向ける自分の好意の双方を自覚できなかったり、処理できなかったりする（男性が自分に好意を向けて接してくることに恐怖を感じてしまう）可能性があります。結婚相談所を利用した場合、担当者やカウンセラーが、男女の仲を取り持つだけでなく、婚活女性の抱えている恋愛感情そのものを明確化してくれることが期待できます。このように、恋愛弱者の女性こそ結婚相談所の利用が適していると考えられます。

2.4 恋愛弱者女性が恋愛結婚がしたくてこじらせないために

「結婚に向けて男性と交際関係を結びたい」もしくは「条件は固まったので、恋愛結婚がしたい」恋愛弱者の女性にとって大問題となるのは、男性と結婚に向けた交際を始めること自体であると考えられます。自分の容姿やコミュニケーションスキルに自信がないので、それらを少しでも上げていこうと、ファッションや化粧方法を身に付けたり料理学校などに通って「自分磨き」を図ってしまう方は多いのではないでしょうか。しかし、男性と結婚を視野に入れた関係を構築するために一番必要なことは、コミュニケーションをとることです。ところが、恋愛弱者である女性は、どのように「コミュニケーション」をすればよいかわからない、というのが実情だと考えられます。

そこで、発想を一気に転換させてみましょう。コミュニケーションを結婚相談所に代行してもらえばよいのです。繰り返しになりますが、マッチング・アプリや婚活パーティーと結婚相談所の最も違うところは、出会いの場をセッティングしてくれるだけでなく、男女の関係構築を仲立ちしてくれる担当者やカウンセラーが存在することです。結婚に向けた真剣交際に進みたい。しかし自分のコミュニケーションスキルや容姿を踏まえると、男性に受け入れてもらえるか自信が持てない。そのような時、交際への意思を担当者へ伝えることで、担当者は仲人として女性の好意と意思を男性に伝え、交際から成婚へのルートを整えてくれる強力な伴走者となりえます。

また、交際が実際に進んでいく中で「やっぱり、この人とは結婚できない」と感じたり、見合いの中で男性側からグイグイ迫られて「迷惑している」時には、担当者が仲人として交際を断ってくれます。このように、恋愛関係の構築において最もハードルが高い「交際を申し込む」「交際を断る」という行為を結婚相談所の担当者が代行してくれるということが重要になります。ここまで代行してくれるのであれば、恋愛弱者の女性は「諸条件が満たされている男性」と「実際に交際してみて、お互いに恋愛感情が生まれるか」どうかに集中した交際が可能になります[2]。

また、結婚相談所の場合、結婚相談所が身元と連絡先を確保している男性会員と、時間が許す限り面会を繰り返すことができます。それに対して、マッチング・アプリや婚活パーティの場合、必ずしも身元のはっきりしない、さらには結婚相手を探しているとは限らない男性と出会う可能性があります。恋愛弱者の女性にとって、そのような出会いを掻《か》い潜《くぐ》りつつ相手を吟味し、交際できるかどうかを考える余裕は持ちえないと考えられます。つまり結婚相談所は、多くの男性と出会い会話していく中で「恋愛」が発生するまで、交際する経験を「安全」に提供してくれるサービスであるといえます。

2 条件が合致している男性と就職婚したい場合は、結婚相談所を利用することで、実質的な交際期間0日でも結婚できる可能性がある。

最後に、「恋愛結婚」がしたくてこじらせる恋愛弱者女性にとって、「両思いになれないのではないか？」という不安があるかと思います。仮に、プロフィールを確認した段階で自分が好意を抱いた（一目惚れした）としても、相手が自分を好きになってはくれないのではないか、好きになってもらうためには何をすればよいのかわからないという不安から、目の前の男性と出会い交際する機会を逃す可能性があるのではないでしょうか？　Ｗｅｂや雑誌上で女性向けに、プロフィール写真の撮り方、男性にモテるためのメイクやファッション、男性にウケる話題の選び方などの情報にあふれているのも、「モテない私が、あの人に振り向いてもらうためにどうしたらよいのか？」という恋愛弱者女性の不安をニーズに転換しているからであると考えられます。

しかし、第１部で明らかにした婚活市場の持つ力学を踏まえたとき、実はこのような「自分磨き」は見当外れの努力であると断言できます。

婚活市場において、一部の男性は多くの女性から交際を申し込まれて行列ができている状態になっています[3]。そのような男性を狙うのであれば、恋愛強者に負けない能力を獲得しなければならない可能性が高いと考えられます。しかし、一部の男性の前にできる女性の行列という現象の裏を返せば、ほとんどの男性は女性を選ぶ立場になく、出会えた女性と良好な関係を構築するために積極的に「惚れよう/惚れてもらおう」とコミュニケーションを図らねばならない状況に陥っているという現実があります。オオノさんがマニキュアの例で指摘しているように、男性側は女性のファッションや容姿についての良し悪しは判断せず、「とにかく褒める」という行動をとっています。これは、どんなものでも「褒めて」「もてなし」ていくことで目の前の女性と良好な関係を構築していかないと次の機会がいつ訪れるかわからない、というシビアな現実を反映しているのです[4]。

つまり、婚活市場で「売り手市場」になっている一部の男性を対象から外したとき、ほとんどの男性は目の前の出会いを肯定的に受け入れる状態にあるといえます。そしてこの状況は、恋愛弱者の女性にとって最大の追い風になります。結婚相談所の担当者に「交際の意思」を伝えた上で、どのように拙い内容でも、男性とコミュニケーションする意思を見せる女性には、

---

3 高橋(2021)『婚活戦略』「第3章3 希望への大行列——若いイケメンには勝てない現実」を参照のこと。

4 高橋(2021)『婚活戦略』「第4章3② 婚活女性はコミュニケーションをしない!」を参照のこと。

婚活市場で出会う男性は好意を持って向き合ってくれると考えられます[5]。その意味でも、恋愛弱者の女性が理想的な相手と恋愛結婚をするためには、結婚相談所を利用して婚活市場での出会いを求めていくことが、最も理想的な方法であると考えられます。

婚活市場において、ほとんどの男性は理不尽な目に遭い、疲弊しています。だからこそ恋愛弱者の女性は、「この人」と決めた相手に対して言葉が出なくても笑顔で対応する。それだけで、婚活市場で理想的な相手と恋愛結婚する道が切り開かれるのではないでしょうか。

3　恋愛強者女性のための婚活戦略

3.1　恋愛強者女性の2類型

恋愛強者の女性は容姿とコミュニケーションスキルに優れていて、少なからず男性と良好な関係構築ができると考えられます。同時に、自分に自信があるからこそ、理想の相手を求めて探索を繰り返す危険性があります。特に注意せねばならないのが、恋愛強者の女性があえて婚活市場で結婚相手を見つけようとする理由です。「図表7　恋愛強者の「こじらせ方」」（本書

107頁）で示したように、恋愛強者の女性があえて婚活市場に参加するのには、「恋愛感情」と「経済的条件」といった2つの理由があると考えられます。

恋愛結婚を重視する恋愛強者女性が、職場を中心とした既存の人間関係では上司―部下、同僚、友人という形で関係性が固定されてしまい、恋愛相手を見つけるのが難しくなってきた場合、新たな出会い（＝恋愛のトキメキ）を求めて、婚活市場に参加することがあります。

この「恋愛重視派」の方が婚活市場に参加した場合、第1部でオオノさんが指摘しているように、男性を条件で選び出し比較することや、短期間で定型的な会話を繰り返すことに違和感を感じることがあります。そのため、結婚をするにあたって恋愛を前提にしたい場合は、一般的な婚活サービスを利用するよりも、社会人サークルのように、同好の趣味を持つ人たちが中長期的に人間関係を構築していくことを目的としたサービスを利用するほうが良い結果が得られると考えられます。

5 逆に言えば、婚活市場において女性は、男性に対して基本的に塩対応していく集団戦略をとるほうが、成婚につながりやすいと考えられる。

また、恋愛強者として自信を持つ女性が、経済的・社会的条件の良い男性との出会いに期待して婚活市場に参加する場合があります。彼女たちは自らの容姿やコミュニケーションスキルに自信を持っているため、玉の輿を狙って婚活市場に参加することになります。このタイプの婚活では、婚活市場の持つ独自の力学を考慮に入れた婚活戦略を実行していかないと、「モテたはずの私が結婚できない！」という罠にハマることになります。

本節では、この2つの類型に分けられる恋愛強者女性の婚活戦略について考えていきたいと思います。

3.2 恋愛重視派の婚活戦略：「今までの生活では出会えなかった人」と出会う外部装置として婚活サービスを利用する

恋愛強者の女性のうち、「恋愛結婚」を望む恋愛重視派の人にとって婚活市場に参加する理由は、まず「恋愛できる」男性と出会うことです。しかし、実際の婚活市場で活動していくうちに、男性を上から目線でスペックで比較している自分に違和感や嫌悪感を感じて婚活市場への不適合を起こすことがあるというのが、第1部でオオノさんのオートエスノグラフィーから得られた一つの見解でした。この点を踏まえると、特に恋愛関係の発生に重きを置く恋愛強者の女性には、婚活という活動そのものが向いていないという可能性があると考えられます。

とはいえ、出会いの機会として婚活サービスは非常に優れた機能を有しています。学校であれ職場であれ、関係が長期にわたるほど男女の人間関係は同級生、同僚、上司・部下といった形で固定化されていきます。セクハラやパワハラと人間関係に関するコンプライアンス意識が高まっている現代社会では、男女ともに長期的に関わる人間関係の内側では、恋愛関係への発展を意図的に回避するという傾向が生まれているかもしれません。つまり、自然な恋愛結婚を目指そうとしても、すでに自分が所属しているネットワーク内で恋愛関係を結べる相手を見つけること自体が困難になっているから、婚活サービスを利用すると考えられます。

以上のことを踏まえたとき、恋愛強者の女性のうち恋愛重視派の方は、2010年代に目立ち始めた社会人サークルのように、趣味やイベントを前提に人が集まる場所を婚活の場として参加するのが向いているかもしれません。また近年の婚活パーティーでは、BBQやビーチパーティー形式のように、参加者同士で積極的にコミュニケーションをとることを狙ったイベント形式のものが開催されていますので、そのような場を選んで参加することも有効かもしれません。

また、マッチング・アプリや結婚相談所も、使い方によっては恋愛につながる出会いがあると考えられます。マッチング・アプリや結婚相談所の持つ巨大なデータベースを最大限に活用して、「今までの生活では出会えなかった人」と出会う外部装置として、マッチング・アプリや結婚相談所を利用していく方向性が考えられます。

例えば、マッチング・アプリを使って、興味があるけど出会ったことのない職業や趣味を持っている人を検索してマッチングを探っていくという方法がありえます。あるいは、結婚相談所であえて曖昧な条件を提示して、担当者が「良い」と思う人との面会をセッティングしてもらうという方法もありえるでしょう。つまり、データベースにはあらゆる種類の男性がいることを最大限に利用して、突発的な「事故」が起こりそうな使い方をするのです。恋愛強者として男性との関係構築に自信がある女性だからこそ、「条件に合う人を選択肢からまず外してみる」という、婚活サービスの利用方法が可能になるのではないでしょうか。

3.3 玉の輿婚派の恋愛戦略：自分の価値は減衰していくことを自覚する

女性が婚活支援サービスを利用することで得られる最大のメリットは、自分自身の人脈では出会うことができない男性と、カジュアルかつ（サービスごとに程度の差こそあれ）安全に出会う機会を得られることです。2.1で「20代から30代へ、30代から40代へと女性の年齢が上がるほど、実は高収入を得ている男性と婚活で出会う機会が増えていきます」と指摘しているように、婚活ではアラサー、アラフォーに近づくほどに、桁違いの年収や資産の持ち主に出会う機会を得る可能性が高まります。

婚活概念を提唱した山田昌弘先生は、共働きを覚悟してほどほどの生活水準を求める現実的結婚を目指す諸活動として婚活に期待していました（山田、２０１６、96頁）。しかし、婚活サービスが登場し婚活市場が形成されていくうちに、女性はより高収入の男性と出会うだけでなく、出会った男性を様々な観点から比較考量して、どの男性が配偶者としてふさわしいかを判断することが可能な状況を得ることができました。この状況に適応した女性が、婚活を「女性が高収入の男性を配偶者として捕まえる活動」（関内、２０１０、155－156頁）に変えてしまったことは、極めて合理的な判断であると考えられます。恋愛強者の女性の中には、男性と恋愛関係を成立させてきた経験とコミュニケーションスキルを持つがゆえに、この状況を「玉の輿婚」のチャンスであると捉えてしまう人たち（＝完璧な結婚派）も出てくると考えられます。

実はアラサー、アラフォーに近づくほど、恋愛強者女性は婚活市場で玉の輿婚派に転身していきやすい状況に置かれるといえるのではないでしょうか。というのも、恋愛強者の女性とはいえ、20代から30代へ、30代から40代へと年を重ねるほどに、日常生活の中で徐々にモテなくなってゆき、恋愛も結婚も機会自体が目減りしていくだけでなく、職場ではお局様扱いされて恋愛対象そのものから外されているような感覚を抱くようになると思います。これは、職場には毎年新卒の若い女性が入社してくるだけでなく、年齢が上がるほどに男性にも既婚者が増えてしまい、恋愛→結婚の関係そのものが成立しづらくなるという環境の変化が生じるからです。

このように、「自分はもう、モテなくなったのだ」と感じ始めた時に婚活を始めると、状況は一変します。婚活サービスでも結婚相談所や婚活パーティーの場合、男女間の年齢差は5歳以内になるように調整されることがほとんどです。その結果、婚活市場では「自分と同年代の女性」が多数を占める状況になり、恋愛強者の女性に男性からのマッチング申込みが集中するようになります。いわば、「婚活を始めたら、昔以上にモテるようになった！」と実感できるとともに、「自分にはまだまだ、女性としての魅力がある」と自分の価値を上方修正していくようになります。そうすると、「これだけモテる自分の価値」に釣り合う男性（＝高収入でイケメンなハイスペック男性）を目指す傾向が生まれてしまいます。これが、恋愛強者の女性が完璧な結婚派に転じるメカニズムの一つではないかと考えられます。

ここで注意せねばならないのは、「これだけモテる自分の価値」が、あくまで自己認識でしかないことです。婚活市場での価値は、その場に参加している異性（男性）による比較考量を通じた評価によって生じるものです。例えば、35歳の恋愛強者の女性が、25歳〜35歳までが参加条件の婚活パーティーと、35歳〜45歳までが参加条件の婚活パーティーに参加した場合、異性からの価値評価は真逆のものになります。前者の婚活パーティーに参加した場合、35歳という年齢は参加女性の中で最高齢となります。たとえ参加者の中で突出した容姿を持っていたとしても、男性からすればその年齢は減点対象となります。他方で、後者の婚活パーティーに参加した場合、35歳は一番年下となりますので、容姿に加えて年齢が付加価値に変わり、この女性の価値評価は急上昇することになります。

いやいや、容姿を磨き、コミュニケーションスキルが高ければ年齢の不利は克服できるはず、と恋愛強者の女性ほど考えると思います。しかし、婚活市場は残酷です。小林・能智（2016）は婚活サービスの利用実績の分析を通じて、女性は登録会員の女性平均より10歳若い場合、結婚チャンスが1.8倍高まることを指摘しています[6]。婚活市場において女性もまた、

6 男性では登録会員の男性平均より身長が10センチ高く、正規雇用で収入が100万円多い場合に結婚のチャンスが6・15倍高まっている。

男性からその価値を評価されます。そして残酷なことに、年齢を重ねるほどに、女性の価値は減衰していく運命にあります。

ここで大事なことは、2つあります。

第一に、すべての人間は平等に年を取りますので、確かに市場内での絶対的価値は減衰していきます。逆に言えば、恋愛強者女性は、年齢が若いほど絶対的に有利な婚活が展開できる状況になります。

第二に、婚活市場は「可視化された属性によって出会いの機会をコントロールするサービス」であるため、そのサービスを上手く利用すれば、年齢を重ねても相対的価値を上昇させていくことが可能であることです。つまり、玉の輿婚を狙うのであれば、年齢を重ねるほど慎重にどの婚活サービスを利用するかを考える必要があります。具体的には、マッチング・アプリや結婚相談所のように、男性が「より若い女性」と出会うために年齢を設定して女性を検索できるサービスは、「年齢」で比較考量されるため、年齢を重ねるほどに女性の価値は減衰します。他方で、「年齢」を参加条件にしている婚活パーティーは、自分の価値を相対的に高めることが可能になります。年齢面で他の女性で優位に立てば、恋愛強者としての容姿とコミュニケーションスキルが付加価値として働くことになります。

つまり恋愛強者の女性は、年齢を重ねるほどに、自分の相対的価値が最も高くなる場を選ぶことが重要になるわけです。つまり、年齢・職業・趣味など婚活パーティーに設定されている条件を細かく把握し、自分の価値が最も高く測られる場を選んで参加することが、メイクやファッションにこだわる以上に、玉の輿婚派にとって重要な前提条件であると考えられます。

3.4 「可視化され、比較される」場で、自分の「価値」を演出しよう

すごく美人で、コミュニケーション能力も高く、過去に恋愛経験が豊富な30歳前後の女性が、婚活を始めた途端に結婚できなくなる現象が、結婚相談所の経営者や担当者から指摘されています。多くの場合は、いろいろな男性と付き合ってきたがゆえに、経済的にも容姿的にも異常なハイスペックを男性に要求してしまうが、そのような男性はより若い女性と結婚するという内容です。

なぜ、このような現象が起きてしまうのでしょうか。

まず注意せねばならないことは、婚活では、婚活市場における「価値」が測定され、高い価値を持つ人が「マッチングの申込みを集め」、交際するか否かの選択権を獲得するという、独自の力学を有することです。

職場や友人関係といった日常的な生活空間では、容姿だけでなく、過去に積み重ねたコミュニケーション内容が「モテ」を支える資源となっています。容姿にあまり優れない場合でも、「彼女はすごくいい人」とか「優しい人」といった評判は、その人の人間関係内部での信頼度を上げ、関係構築の局面で優位に働くことが多くなります。実は恋愛強者の「モテ」は、容姿やコミュニケーションスキルといった個人に帰属する能力以外に、ネットワーク内でその人が獲得してきた「実績」にも帰属していると考えられます。

それに対して婚活市場は、そのネットワークが存在しない、コンテクストフリーの出会いの場です。そこでは年収・職業・学歴が可視化され、人間関係に左右されることなく他者との比較が可能です。男性もまた、女性をスペックで比較した上で、「最適」と認めた女性に「マッチング」の申込みを行い、交際を目指して活動していきます。婚活市場で女性は「強烈なモテ」を経験するがゆえに「女性も価値が可視化され、比較される対象」になってしまうことを見失いがちですが、婚活ではまず、その事実を自覚せねばなりません。

しかし、恋愛強者の女性ほど「自分も価値が可視化され、比較される対象」であることを受け入れることが難しいと考えられます。恋愛強者の女性は、日常生活の中で男性と関係を構築しやすい、相対的に有利な立場を得ています。学校や部活動、職場や友人関係という日常生活は、長期的な集団の維持を前提に安定したコンテクストを有しているため、多少のことで恋愛強者の優位性が急激に減衰することはありません。それこそ、新入生や新入社員が毎年入って来る中で、10年単位で恋愛強者と恋愛弱者の力関係はゆっくりと変化していきます。

しかしながら、コンテクストフリーで男女が出会う婚活市場は、女性を「恋愛強者」として後押ししてくれた日常生活のコンテクストを一旦放棄して、「価値が可視化され、比較される対象」として不特定多数の女性と「モテ」を競争する場となります。したがって、「比較される対象」となってしまうことを受け入れた上で、自分の価値を発揮できる婚活サービスを選択することが重要となります。特に玉の輿婚派の女性は、婚活市場において極めて稀な存在であるハイスペック男性を求めて競争していくことになるため、年齢差の比較で自分の価値が大幅に減じてしまうようなサービスを選ぶことは、不幸な婚活につながることに注意が必要であると考えられます。

だからこそ、恋愛重視派の女性は婚活支援サービスと上手く付き合い、徐々に失われていく恋愛結婚の機会を増やしていくことを心がける必要があると考えられます。

4 婚活戦略の新展開

4.1 ある日、新宿の喫茶店にて

高橋が前著『婚活戦略』のゲラに赤入れをしていた時のことです。結婚相談所で婚活をしていた頃に、よく利用していた喫茶店で作業をしていました。新宿には大手から中小まで複数の結婚相談所が事務所を構えています。この喫茶店は、各結婚相談所でお見合い場所として指定されていて、婚活を経験すると「あの2人は婚活中だな」とわかるようになります。

その日、私の向かいのテーブルに座っているアラサーのお姉さま4人組は、少し様子が異なりました。彼女たちは、テーブルの上にブランド品の小物や化粧品を広げて、手にとってあれこれ品評しています。

「やっぱ銀座は狙い目よね」

「新宿より、パーティーの客層がいいよね。すぐにお店に連れていけるしね」

新宿という場所柄、時間帯によってはキャバレーやガールズバーに勤務している女性がこのお店でお茶を楽しんでいることも多いのですが、彼女たちの服装や化粧の仕方は、明らかに水商売のそれと異なりました。私は俄然興味が湧き、赤入れの作業をしつつ、彼女たちの会話をよく聞いてみました。

「渋谷だと、安いお店に連れて行かれそうになるから、そこから行きたいお店に誘導するのがダルい」

「銀座のパーティーの男性は、わかっている人が多いよね」

彼女たちの言うパーティーというのが何かというと、婚活パーティーのことでした。たまにこの喫茶店でも見ることのある、婚活女性の女子会なのかと思いましたが、少し様子が違います。どうやら、机の上のブランド品や化粧品は婚活男性に買ってもらったプレゼントであり、彼女たちはプレゼントのうち使わなくなったものや不要になったものを持ち寄って交換しつつ、どの婚活パーティーが「狩場」として最適なのかについての情報交換しているようでした。

『婚活戦略』にも記載したように、高橋自身、銀座での婚活パーティーで出会った女性に、

図表10　婚活女性のポートフォリオ戦略（改訂版）

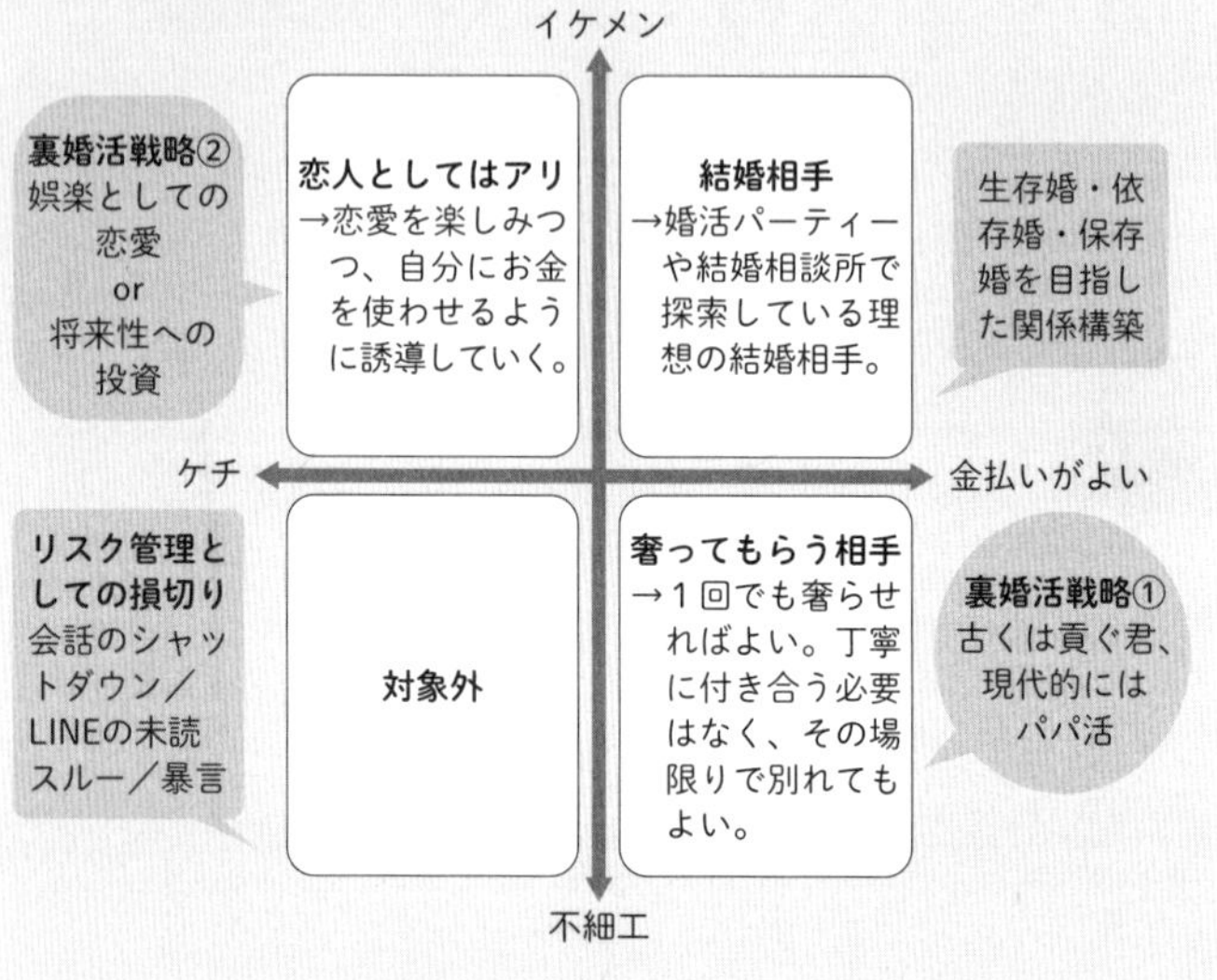
イケメン
不細工
ケチ
金払いがよい
恋人としてはアリ
→恋愛を楽しみつつ、自分にお金を使わせるように誘導していく。
結婚相手
→婚活パーティーや結婚相談所で探索している理想の結婚相手。
対象外
奢ってもらう相手
→１回でも奢らせればよい。丁寧に付き合う必要はなく、その場限りで別れてもよい。
裏婚活戦略②
娯楽としての恋愛
or
将来性への投資
生存婚・依存婚・保存婚を目指した関係構築
リスク管理としての損切り
会話のシャットダウン／LINEの未読スルー／暴言
裏婚活戦略①
古くは貢ぐ君、現代的にはパパ活

レストランで高額なランチを要求された上、ブランド物のバッグを買わされそうになった経験があります[7]。その時の記憶がフラッシュバックして嫌な気持ちになるとともに、「なるほど」とも思いました。

前著で高橋は、「婚活女性のポートフォリオ戦略」と題する図表10を発表しました。女性から見て婚活市場で出会う男性を、裕福さと容姿で分類すると、「金払いがよい／イケメン」「金払いが悪い／イケメン」「金払いがよい／ブサイク」「ケチ／ブサイク」の4類型に分けられます。大多数の女性は、「金払いがよい／イケメン」男性との結婚を求めて「選り好み」し、一方で、「金払いがよい／ブサイク」男性は財布役として、「ケチ／イケメン」男性は恋愛を楽しみつつ将来性への投資として活用しているのではないか、と高橋の婚活経験から推定して提示したものでした。

しかし、現実は高橋の想定より、少し斜め上に発展しているのかもしれません。婚活パーティーを金銭的に裕福な男性と出会う場と捉え、豪華な食事やブランド品を手に入れる機会として徹底して利用する裏婚活戦略を実践しているわけです。そのために、婚活パーティーが開催される立地や、そこに集まる男性の属性に注目し、仲間の女性と情報を共有していたのではないでしょうか。

4.2 婚活をエンジョイする？

高橋がとあるシンポジウムで『婚活戦略』の内容とともに「婚活女性のポートフォリオ戦略（改訂版）」を紹介した際、会場にいらっしゃった女性の方から「婚活でそんな獣みたいなこと

7 高橋（2021）『婚活戦略』「第3章5 マッチングはしたけども……」を参照。

をしたくない」という、悲鳴のような意見をいただいたことがあります。確かに、婚活をしているすべての女性が、このポートフォリオのとおり、婚活名目のパパ活をしていると言うつもりはありません。しかしながら、婚活中のデートでは、食事や買い物にかかる金銭は基本的に男性が持つという、暗黙のルールがあります。古い言い方をすれば、婚活中に「惚れてもらう」ために男性は、デート中の会話や振る舞いで女性に「惚れてもらう」だけでなく、金銭面でも甲斐性を見せなければなりません。高橋も経験しましたが、婚活では女性をどのレベルのどういうお店にエスコートするのかで、男性の甲斐性が判断されているのが現実なのです。

だとすれば、彼女たちにとってテーブルの上に広げられたブランド品は、「男性からここまで甲斐性を引き出した」という点で、婚活市場で自分の価値を示した戦利品であるといえます。そう考えると、「婚活市場にはろくな男がいない」とこじらせて愚痴る女性より、彼女たちは婚活そのものに多様な戦略的目標を設定し、豪華な食事やブランド品を手に入れ、自己肯定感を獲得しつつ、恋愛結婚の相手を見つけようと婚活をエンジョイしているといえるのではないでしょうか？

4.3 恋愛と結婚の分離が生み出す戦略的目標の広がり

マッチング・アプリ、婚活パーティー、結婚相談所といった婚活支援サービスは、「すべての男女が、納得できる理想の相手と結婚できる」ことを目指してサービスを設計、提供しています。その意味で、半ばパパ活のために婚活支援サービスを利用されてしまうことは、計算外の現象であるといえるでしょう。

しかしながら、婚活サービスによって構成される婚活市場の持つ力学は、女性をある方向でエンパワーメントしていったことは確かです。それは、婚活市場の力学の中で女性が、自分の年齢や容姿、時には職業や経歴をレバレッジとしてより良い結婚相手を獲得できる可能性に気づき、それらを男性の持つ財産と交換可能な資源として取引する行為を、婚活として展開していることです。婚活市場は出会いを効率化しているだけでなく、日常生活で発生する年齢面の不利をカバーするサービスを提供しているため、女性は自らの資源にレバレッジを効かせて、より多くの利益を得ることが可能になったのです。

そして、婚活市場で男性を比較考量し、実際のデートの場面で甲斐性を確かめていくうちに、婚活市場から得られる利益が「良き伴侶を得る」だけでないことに気づくのでしょう。その時、今まで結婚相手として不適格と切り捨ててきた「ハイスペックだけどブサイクな男性」や「貧乏だけどイケメン」に、異なる価値が見出されることになります。「ハイスペックだけどブサイクな男性」からは「甲斐性」を見せてもらい、自己肯定感とともに実利を引き出すことが可能です。「貧乏だけどイケメン」とは、手軽に恋愛関係を楽しむことができます。つまり、婚活で目指す戦略的目標が「理想的な伴侶と結婚する」だけでなく、「甲斐性を引き出してリッチな生活を楽しむ」や「人間関係のしがらみがない状態で自由な恋愛を楽しむ」といった広がりを持つようになったのです。この広がりを受け入れた時、女性は恋愛結婚という呪縛から開放されて、婚活市場の出会いから多くの喜びと実利を得ることが可能になるのかもしれません。

4.4 ロマンティック・マリッジ・イデオロギーを徹底的に追求しよう

前記のとおり、婚活サービスによって構成される婚活市場の持つ力学を上手く味方につければ、女性は多くの効用を得ることが可能です。

他方で、真面目に婚活に勤しんでいる女性ほど、このような女性の振る舞いと考え方に憤りを感じてしまうかもしれません。確かに婚活を通じては、経済的にも恋愛的にも条件を満たす男性と出会い結婚することが理想であり、それ以外の活動は婚活そのものの意義を見失う不純な行動かもしれません。

しかし、少し考え方を変えてみたいと思います。

谷本・渡邊（２０１６）は、戦前から続いた「恋愛が結婚によって正統化される」ロマンティック・ラブ・イデオロギーが１９８０年代に弱体化し、１９９０年代より「恋愛によって結婚が正統化される」というロマンティック・マリッジ・イデオロギーに変化したことを指摘しています（65頁）。極端に言えば、１９８０年代までは男女間の恋愛そのものがイレギュラーであり、結婚によって恋愛は社会的に認められていました。それに対して１９９０年代以後に支配的になったロマンティック・マリッジ・イデオロギーは、恋愛感情のない結婚が社会的に認められなくなり、女性は戦前の見合い婚のように意思に反する結婚から解放され、恋愛経験を通じて自分の意志で「配偶者を探す」ことが可能になりました。

ここで重要なことは、ロマンティック・マリッジ・イデオロギーが「恋愛結婚」を強制するものではなく、恋愛を適切な結婚相手を探索する行動として肯定されていることです。だからこそ、経済的条件を満たさない男性と恋愛を楽しむことも、容姿的条件を満たさない男性の甲斐性を探りながら恋愛感情が生まれるかどうかを確かめることも、ロマンティック・マリッジ・イデオロギーのもとでは肯定できます。

他方で、生存婚や依存婚を目指して「経済的条件」だけで男性を選ぶ行動が、ロマンティック・マリッジ・イデオロギーのもとでは「後ろめたさ」を生み出してしまいます。しかし、「恋愛感情」だけを求めてしまうと、婚活市場の仕組みそのものと不適合を起こしてしまいます。

だとすれば、婚活支援サービスを上手く利用し、男性との出会いの機会を増やしていき、恋愛も物質的な利潤も楽しみつつ、一方では恋愛できる男性には経済的条件を求め、他方では経済的条件を満たす男性との交際を通じて恋愛感情が芽生えるかを試していくことが、現在のロマンティック・マリッジ・イデオロギーのあり方として肯定される時代に変わりつつあるのかもしれません。

第4部

企業編
婚活支援サービス業への提案

高橋勅徳
・
オオノリサ

1　婚活支援サービス業の新しいビジネスモデルの探索

本書ではここまで、婚活市場に存在する力学と男女の行為（第1部）を踏まえ、また利用することで可能になる男性の婚活戦略（第2部）と女性の婚活戦略（第3部）について論考を重ねてきました。

ここまで述べてきたように、男女の婚活戦略は、婚活支援サービス業者が提供するサービスの内容によってとるべき行動が異なってきます。ということは、婚活支援サービス業者は婚活のあり方そのものを変えうる強力なパワーを有していると考えられます。

良くも悪くも、マッチング・アプリ、婚活パーティー、結婚相談所といった婚活支援サービス業が存在するからこそ、私たちの婚活という行為が可能になります。同時に、その支援サービスの存在そのものが私たちの婚活を様々な方向へ暴走させ、「婚活しているけど結婚できない」という悪循環を生み出していることもまた事実です。この悪循環を断つことができるのは、サービスを利用する側の心がけだけではなく、婚活支援サービス業者の方々が舞台装置そのものを変え、特定の行動（暴走的な婚活サービスの利用）を物理的にストップさせることであると考えられます。

このためには、改めて舞台装置としての婚活支援サービス業とはどのような構造を持つのか、すなわち収益事業としての婚活支援サービス業のビジネスモデルを見つめ直していく必要があると考えられます。

1.1 婚活支援サービス業に共通するビジネスモデル

前記した「舞台装置」とは、婚活支援サービス業側が提供する機能や仕組み、サービス形態といった、婚活市場を形成する様々な実在物そのものを指した表現です。

それでは、婚活市場における「装置」とはどのようなものなのでしょうか。

まず、サービスのコアとなる「データ化」と「検索・マッチング」といった装置があります。

データ化とは、男女を属性によって分類していく装置です。具体的には、マッチング・アプリや結婚相談所なら入会時の登録フォーム、婚活パーティーならパーティーの参加条件の設定が、データ化の「装置」です。このデータ化の装置は、婚活市場において異性を検索する条件を設定する上でも、自分自身の婚活市場における価値を自覚するためにも必要となります。

次に、検索・マッチングとは、データ化された異性を検索し、出会うための仕組みです。

マッチング・アプリや結婚相談所のWebマッチングであれば、そのシステムそのものが「装置」となります。また婚活パーティーであれば、パーティー会場そのものと会場での面会の進行が、結婚相談所の場合は担当者によるお見合い・引き合わせサービスが、検索・マッチング装置となります。

どの婚活支援サービスであっても、コアとなるのは「データ化」と「検索・マッチング」装置であり、具体的にどのように「データ化し」、「検索やマッチング方法を提供するのか」で、顧客の満足度を向上させていくための差別化を図っています。

とはいえ、この「データ化」と「検索・マッチング」だけで、婚活支援サービス業は成立しません。「データ化」と「検索・マッチング」を実現する装置として、顧客を集客しマネタイズしていく機能を実装して初めて、婚活支援サービス業となります。この集客とマネタイズについては、各社が連動するかたちで実装していると考えられます。

まず、婚活支援サービス業の収益源は、「入会金」「月会費」「追加オプション費」に大まかに分類できます。入会金は主に結婚相談所で設定されており、婚活パーティーやマッチング・アプリの場合は要求されない場合が大多数です。入会金の有無は、婚活への本気度を左右するフィルターの役割を果たすことになります。月会費は、婚活支援サービスを利用する権利を得るために毎月課金する仕組みです。主に結婚相談所とマッチング・アプリでは月会費が収益源となっており、婚活パーティーでは月会費が設定される場合はほとんど見受けられません。「追加オプション費」は、典型的には結婚相談所が主催するセミナーや女性へのPRの追加サービスや、マッチング・アプリでの「マッチング申込み」の権利の追加購入というかたちで設定されるものです。結婚相談所やマッチング・アプリにとって月会費が安定した持続的な収益源であるとしたら、追加オプション費は変動する追加的な収益源であると考えられます。こちらも、婚活パーティーでは設定されることは稀であるといえるでしょう。

1.2 価格設定による集客と差別化

婚活支援サービス業は、前記3つの収益源の設定によって、顧客を集め、囲い込むという差別化を行っています。またこの価格設定に注目してみると、各婚活支援サービス業者が「誰を収益源のターゲットとしているか」「どのように顧客を集めようとしているか」についての違いが明確化されます（図表11）。

例えば、マッチング・アプリや婚活パーティーの多くは、女性の参加料が無料もしくは少額で、男性には一定の金額を設定する場合が多く見られます。これは「女性が集まれば男性は課

図表11　各婚活サービスのビジネスモデルの違い

	収益源はなにか？	どのように顧客を集めるか	提供するサービスの特徴
婚活パーティー	主に男性からの参加費を収益源とする。 女性は無料か、男性より安く参加費が設定される。	無料もしくは安価な価格で女性を集客することで、収益源となる男性客を集客していく。	カジュアルな男女の出会いの機会を提供（交際・結婚に至るかどうかは、当人同士の意思に委ねる）。
マッチングアプリ	主に男性からの、 ①月会費 ②マッチング申込数の解放等のプレミア会員制度やオプション料金 を収入源とする。 女性は基本無料。		
結婚相談所	男女同額の月会費およびオプション金額が設定される。 婚活パーティー、マッチングアプリより高額。	出会いやマッチング、交際について手厚いサポートや多様なサービスをPRすることで、より本気度の高い男女顧客を集客していく。	出会いから交際、成婚までの一貫したサポート。

金してでもサービスを利用する」という前提のもとで、婚活女性を集客の資源として囲い込むために無料で利用可能にし、その女性にアプローチを行う婚活男性を収益源としてマネタイズしていくというビジネスモデルを有しています。この最もシンプルなモデルが婚活パーティーであり、結婚相談所はこの参加費に加えて月額費でも収益化していく仕組みを構築しています。

他方で、マッチング・アプリはもう少し複雑になります。具体的には、①男性の月会費を安くすることでアプリ利用のハードルを下げ、追加オプション費で稼ぐ、②月会費を長期的に一括払いするほど得をするプランにして稼ぐ、③基本会員とプレミア会員の二重構造で月会費を設定し、オプションを適宜購入するよりプレミア会員にクラスチェンジしたほうが得になるようにする等、短期的な追加オプション費用で稼ぐ～ハードユーザーを囲い込むというところまで、集客とマネタイズを連動した戦略的な価格設定を行っています。

婚活パーティーやマッチング・アプリは、女性への課金が極めて低額もしくは無料になっているため、女性は容易に利用と脱退ができ、そのため、これらのサービスはあくまで「カジュアルな出会いの機会」を提供することしかできないという、構造的な限界を抱えているといえるでしょう。

それに対して結婚相談所は、ほとんどの場合、男女で金額に差をつけずに入会金・月会費・

追加オプション費を設定しているだけでなく、その金額もマッチング・アプリや婚活パーティーより高額に設定されている場合が大多数です。これは、入会者一人ひとりに担当者をつけてサービスを運営するための費用（＝人件費）が必要とされるからです。他方で、第２部で指摘しているように、結婚相談所の担当者は当事者間の恋愛→結婚のルートを目指した関係づくりを仲介・代行する機能を持っており、カジュアルな出会いを提供しているマッチング・アプリや婚活パーティーとの差別化を目指しています。もちろん、「金額が高い」「女性と男性の間で価格差をつけない」ため、マッチング・アプリや婚活パーティーとは異なり、「価格設定」そのもので集客を実現できるわけではありません。前著『婚活戦略』において、「より本気度の高い男女が利用する」（63、104頁）と指摘しているように、現在の婚活市場では、マッチング・アプリや婚活パーティーを利用していく中で、「良い出会いが得られなかった」「もっと真剣に結婚を考えている人と出会いたい」といった不満やニーズを吸い上げてくれる婚活のパートナーとして結婚相談所が利用されている可能性が高いと考えられます。その意味では、結婚相談所は最もコアな婚活サービスユーザーを囲い込み、高額な金額を設定することで、マッチング・アプリや婚活パーティーとは異なる手厚いサポート・サービスを提供するという差別化戦略を採用しているのではないでしょうか。

1.3 婚活市場の拡大がもたらす不幸な結末

以上の婚活支援サービス業に共通するビジネスモデルは、第1部で提示した「図表3 婚活市場の設計思想と想定していた効果」（本書56頁）に基づいて実現されているものです。しかしながら、婚活男性・婚活女性が、婚活支援サービス業者が想定していたようにサービスを利用するとは限りません。「図表4 婚活市場の力学2.0」（本書59頁）で示したように、男性は女性とマッチングする可能性を少しでも上げるために「ショットガン・アプローチ」を繰り返します。そして、第2部で詳細に説明しているように「ショットガン・アプローチ」の中で、婚活女性は「こじらせ」ていき、目の前の男性を袖にし続ける「選り好み」を繰り返していくことになっていると考えられます。そして、残念ながら婚活支援サービス業者は、男性が「ショットガン・アプローチ」を繰り出すほどに、女性が「こじらせ」ていくほどに「儲かってしまう」のが現実です。

実際、婚活市場は婚活概念が提唱される前年の2006年の500億円から、10年後の2016年には2、000億円規模にまでに成長し、2020年代には3、000億円前後に到達したとされています[1]。マッチング・アプリに限っても、2016年に156億円だった市場規模が、2020年には622億円へと急成長し、2026年には1,600億円規模へ成長すると予測されています[2]。

ここで注意せねばならないことは、「企業側の利益重視のサービス提供」や「ユーザー側の節度を超えたサービス利用」が、この婚活市場の市場規模拡大をもたらしたわけではないことです。婚活男性は婚活サービスの仕組みを踏まえた上で、最適化された婚活戦略として「ショットガン・アプローチ」を実行しています。むしろ、恋人を作りたい、結婚したいという意欲のある男性ほど積極的に活動しているのであり、婚活的には好ましい行動であるといえます。婚活女性は、急激な「モテ体験」の中でこじらせつつも、自分の人生にとって最適な相手を探索して選り好みを繰り返しています。結婚後の生活を考えて高収入の男性を求めることも、恋愛できる相手を求めて容姿の良い男性を求めることも、さらにはその両方を兼ね備えた完璧な男性を求めることも、「結婚から得られる幸せ」を考えた末での行動であり、第三者に難癖をつけられる筋合いはありません。

そして、婚活サービス業者も「出会いの機会を増やし」、時には「男女の関係を仲介・代行」することで、少なからず男女の恋愛と結婚に貢献してきました。実際、2021年の結婚件数のうちの15・1%が、婚活支援サービスの利用によってもたらされています[3]。このサービスを利用して満足している人々がいるからこそ、婚活市場は拡大を続けているわけです。

その一方で、婚活男性と婚活女性、婚活支援サービス業者それぞれが「良かれ」と考えて肯定的に積極的な婚活を推し進めることで、反作用を起こしつつあるとも考えられます。急激な「モテ体験」を経て女性の欲望はエスカレートしていき、それに反比例するように、男性は婚活市場で「無力感」や「絶望感」を感じて婚活そのものからの撤退を選ぶという、「婚活に真剣に取り組むほどに結婚から遠のいていく」現象が起きています。

1　婚活市場の市場規模については、下記のサイトに基づいている。婚活ビジネス相談所「婚活ビジネス・結婚相談所業界の市場規模は？　現状と今後の動向」(https://www.konkatsu-biz.jp/matchmaking-business-success-method/結婚相談所業界の市場規模は?現状と今後の動向/)　2022年12月24日確認。

2　マッチング・アプリの市場規模については、下記のサイトに基づいている。Cyber Agent「タップル、国内オンライン恋活・婚活マッチングサービスの市場調査を実施」(https://www.cyberagent.co.jp/news/detail/id=25710)。2022年12月24日確認。

3　ブライダル総研「婚活実態調査」(https://souken.zexy.net/research_news/konkatsu.html)　2022年12月24日確認。

さらには、第3部で指摘しているように、マッチング・アプリを利用したパパ活まがいの行動の発生といった、規模こそ不明ですが確実に「恋愛・結婚」以外の目的で婚活支援サービスを利用する人々も出始めています。いわば、婚活市場は「婚活しても出会えない上に無力感だけを植え付けられ」、さらには、「パパ活」に巻き込まれる可能性のある場所にまで発展する危険性も孕んでいるわけです。

婚活男性、婚活女性、婚活支援サービス業者のすべての人々が「良かれ」と思ってとる行動の連鎖が、多くの方に不幸な結末を招くということにならないよう、以下では婚活支援サービスの今後のあり方について考察していきます。

2　婚活市場の現在の仕組みを活かすには？

2.1　婚活のボトルネックはどこか？

本書が第2部、第3部で提示した男女それぞれのための婚活戦略は、「婚活市場の力学2.0」を前提に「ここまで戦略的に婚活することが可能である」ことを示すとともに、婚活支援サービスを利用する中で「こじらせ」たり「暴走」して逆に結婚から遠ざかる前に、改めて婚活支援サービスの特性を理解し、できるだけ安全かつ効果的に利用していく方法を示すことが目的でした。

しかしながら、利用者の「心がけ」一つで事態が回避できるのであれば、婚活がもたらす不幸な結末の危険性などわざわざ指摘する必要はありません。不幸な結末を防止できる可能性を持つのは、男女が「良かれ」と思って婚活戦略を繰り広げている舞台装置そのものを用意している、婚活支援サービス業だけだと考えられます。いくら言葉を尽くしても、人の行動を言葉（＝説教や説得）で変えることは難しいでしょう。しかし、人々が行動する前提条件である舞台装置を変えてしまえば、説教や説得に手間をかけることなく、婚活に臨むすべての人々を恋愛・成婚のルートへと導いていける可能性があるのではないでしょうか。

それでは、現在の婚活市場において、交際→成婚のルートへの進展を阻む最大のボトルネックはどこにあるのでしょうか。第2部、第3部を通じて、婚活支援サービス業が取り組むべき課題を考え直してみましょう。

改めて、「図表4　婚活市場の力学2.0」（59頁）を確かめてみましょう。まず、男性から交際（マッチング）を申し込み、女性側が受けるか否かを判断するという構図ができ上がっている以上、直接的に交際→成婚への最短ルートを阻んでいるのは、女性側が「強烈なモテ体験」のもとで「こじらせ」、目の前の相手と交際するか否か、結婚するか否かの最終的な判断を「選り好みして」して先延ばしにしまうことが、最大のボトルネックになっていると考えられます。この「こじらせ」の原因は、婚活支援サービスに適応した男性による「ショットガン・アプローチ」です。

このことを踏まえると、ボトルネックを解決する方法は、第一に、女性が交際→成婚へのルートに乗るか否か意思決定する際に「こじらせて選り好み」しないような仕組みを作ること、第二に、男性が「ショットガン・アプローチ」を展開しない（できない）仕組みを作ること、の2つが考えられます。

後者の「ショットガン・アプローチ」を防止するためには、現在の婚活支援サービス事業者のビジネスモデルを踏まえれば、収益性に直結する大幅な変更を考える必要があるため、次章で検討することにします。

本節ではまず、婚活支援サービス業者が、交際・結婚相手として男性を選り好みする女性を説教や説得ではなく、自ら納得して意思決定してもらうために作るべき仕組みを考えていきたいと思います。

2.2 男女がこじらせた先に求めているもの

多くの婚活支援サービスの担当の方は、婚活市場では男女ともに婚活の経験を通じて程度の差こそあれ「こじらせて」しまい、婚活をするほどに交際→成婚のルートから遠ざかっていく現象を目の当たりにしたことがあるかと思います。

本書では第3部において、この「こじらせ」について、恋愛弱者女性と恋愛強者女性に分けて考察することで、婚活女性が選ぶべき婚活支援サービスと、その利用方法について考えました。このこじらせの先に生まれるのが、魅力的な男性と出会った際に「この人と交際or結婚してよいのだろうか？」「もっといい人がいるのではないだろうか？」という「選り好み」だと考えられます。婚活支援サービス企業の担当者やカウンセラーは、そのような悩みを打ち明ける女性に対して、背中を押すつもりで「この人を逃したら、もうこれ以上の人と出会えないかもしれないですよ」と発言するかもしれません。しかし、第3部で何度か指摘しているように、この発言は女性にとって「失礼」であっても、「後押し」にはなり難いものであるといえます。なぜなら、彼女らは、婚活市場に交際or結婚するかどうかを悩んでいる男性以上のスペックを有する男性が存在することを知っているからです。

もう一つの説得のパターンとして、こじらせて悩んでいる女性に対して、「どこが気になるの？」と悩みを打ち明けてもらい、そこを解消して交際→成婚ルートに乗せるという方向性もあるでしょう。とはいえ、この質問に対して「特に不満はないのですが」と曖昧な答えを返す女性に、悩みを掘り出そうとしてしつこく問いかけるのは逆効果になりかねません。この時、彼女は「気づいていない隠れた不満がある」から意思決定を渋っているのではなく、「条件を満たしてはいるが、交際or結婚となると決定打に欠ける」から悩んでいると考えられます。

第3部では婚活市場でこじらせた女性は、男性に「付加価値」を求めていることを説明しました。経済的条件を満たしているのであれば、より容姿の優れた男性を。容姿が優れているのなら、より経済的条件が高い男性を。容姿も経済的条件も両方満たされているのであれば、その中から（ある意味で至上の付加価値である）より良い恋愛体験を提供してくれそうな相手を、女性は求めています。しかし、経済条件も容姿も、そして恋愛体験さえも「比較」からしか価値を認識できないという、婚活市場の宿命が待ち構えています。

つまり、仮に女性が「この人でいいかもしれない」と決めた瞬間、「でも別の人のほうがよいのではないか？」「やっぱり、この人はだめなのではないか」と今までに出会った人たちや、これから出会えるかもしれない人たちと比較する中で付加価値の尺度を見失ってしまい、「迷う」ことになるわけです。

高橋は前著『婚活戦略』において、婚活市場では、男性は女性から比較されることで価値が無力化していくプロセスを指摘しました（55頁）。その比較と無力化のプロセスを勝ち抜き、女性から選ばれた「強い男性」であっても、こじらせた女性に選ばれたその瞬間から「付加価値」があるかどうか値踏みされ、付加価値がない存在として無力化されることもありうるという不幸が生じていると考えられます。

このような負のスパイラルに陥らないために、婚活支援サービス業社は、多数のデータの中から出会ったこの人が「交際する／結婚する」相手としてより良い人であることを、女性側に納得してもらえる仕組みを考える必要があると考えられます。

2.3 正統化の力：仲人機能の強み

交際→成婚へのボトルネックとなっている女性側の「こじらせ」と「選り好み」は、必ずしも現在の婚活市場特有の現象ではないのかもしれません。昔から「マリッジブルー」という言葉があり、１９８０年代に「成田離婚」が流行語になったように、かつては婚約や結婚「後」に、「この人でよかったのか?」、「もっといい人と結婚できたのではないか?」という「こじらせ」や「選り好み」が発生しており、婚活市場が成立したことで「交際前・結婚前」にそれが現れるようになった、ということができるのではないかと考えられます。

逆に考えれば、婚活市場が成立する以前、日本人の一定数は、「この人でいいのかしら?」と考える間もなく結婚していたと考えられます。その要因となっていたのが、1980年代頃まで結婚のシステムとして機能していた仲人制度であると考えられます。

仲人制度は、もともと家制度の確立した社会階層・地域において、家同士の利害相手を調整し、結婚までを取り仕切る役割として生まれたとされています（落合、2004、48‐49頁）。結婚を通じた両家の幸福を保証し、男女が、「この人と結婚していいのかしら?」という悩みすら持たないうちに、結婚を前提として交際するルートへと有無を言わさず乗せてしまうのが仲人でした。いわば、「この人と結婚していい」ことを正統化する役割を担う存在であったといえるでしょう。かつては地元の名士が仲人の役割を担っており、江戸時代以後に都市化が発展していくに従い専門職業としての仲人が登場し（今井、2015、20‐21頁）、戦前から戦後の高度経済成長期にかけて企業化して結婚相談所となりました。他方では、職場の上司等が仲人を務めて適齢期の男女にお見合いを促すことも日常的にありました。このようにして、1980年代頃までの多くの日本人は結婚していきました（e.g., 阪井、2009）。これらの仲人制度は確かに、「マリッジブルー」や「成田離婚」のような不幸な交際や結婚を招いてきたことも事実でしょう。現在の自由恋愛を前提とした交際と結婚というあり方は、過去の不幸な結婚を繰り返さないという、先人からの経験の積み重ねの結果なのかもしれません。

しかしながら、過去の仲人制度は少なくとも「この人で本当にいいのかしら?」というこじらせや選り好みの生じる隙きを与えずに、男女が交際し結婚することを正統化させるパワーを持ち得ていました。現在の婚活支援サービス業に欠けているのは、出会いの機会を増やし最適なマッチングを目指すことに注力するあまり、「この人と結婚するべきだ」と正統化する根拠を企業側が持ち得ていないことに原因があると考えられます。

2.4 婚活スコア制度の提案

それでは、婚活支援サービス業が男女が交際し結婚することを正統化させるパワーを獲得するためには、どういう仕組みを作ればよいのでしょうか?

男女が「この人でいいのかしら?」と迷う間もなく交際→成婚のルートに乗ることを正統化させるパワーを仲人が持ち得たのは、①地元の名士や職場の上司といった階層性に根付いた信頼性が機能していたこと、②年頃になったら結婚するべきという同調圧力の双方が機能していたからでした。

地域内のつながりが希薄化し、上司からの「そろそろ結婚しないと」という発言そのものがセクハラ認定されかねない現在では、集団や組織に根付いた信頼性を婚活に適応することは難しくなっています。同時に、1980年代後半に支配的価値観となったロマンティック・マリッジ・イデオロギーの成立と同時に晩婚化が進み、「そろそろ結婚しないと」という社会的な同調圧力も失われていきました。そのような中で、かつては職業専門家として結婚に対する正統性を有していた仲人業が衰退し、現在の結婚相談所が「出会いの機会を増やし、最適なマッチングを追求する」かたちへビジネスモデルを変化させていったことは、必然的な変化（進化）であったと考えられます。

とはいえ、職業専門家としての仲人から結婚相談所へ、結婚相談所から婚活支援サービス業へと進化していく中で発生した「婚活支援サービスが婚活の困難を生み出している」という現実に立ち向かうためには、何らかのかたちで正統性のパワーを再獲得していく必要があると考えられます。

ここで注目したいのが、経営学における正統化戦略です。新製品や新サービスの発売に際して直面するのが、消費者や取引先がそれを購入してよいのか否かについて判断がつかず、結局、従来の製品やサービスが優先的に購入されるといった行動傾向を販売対策に利用する戦略のことです。この戦略下では、営業担当者は、性能比較やコストパフォーマンスなどを比較して、購入を促す売り込みをするわけですが、「その程度の差なら、とりあえず従来の製品のほうが確実だから」という理由で新商品の購入が見送られたりします。

しかしながら、そのような比較に基づく説明を通さずとも、新製品や新サービスが爆発的に売れる現象も存在します。典型的には、TVなどのメディアで紹介されていた、有名人が利用していた等の理由で、顧客や取引先が性能やコスパを検討せずに購買を意思決定するケースです。これは、TVといったメディアや有名人が有無を言わさぬ購買パワーを生み出す正統性を持っていたことになります。このように、直接的な営業ではなく、（一見は中立かつ社会的に信頼性の高い）第三者によって正統化されることで、新製品・新サービスの認知度を上げ購買行動につなげていく戦略を、経営学では正統化戦略として概念化しています（eg. Suchman, 1995; Zimmerman and Zeitz, 2002）。

そして、皆さんがお気づきのように、現在の企業はメディア露出やインフルエンサーを利用しているだけでなく、戦略的に「中立の信頼に足る第三者」を作り出し、自社の正統化戦略に利用しています（図表12）。例えば、製造業におけるグッドデザイン賞や食品産業におけるモンド・セレクションのように、業界が支援する独立団体が主催する各種賞レースや、マイクロ

図表12　正統化戦略

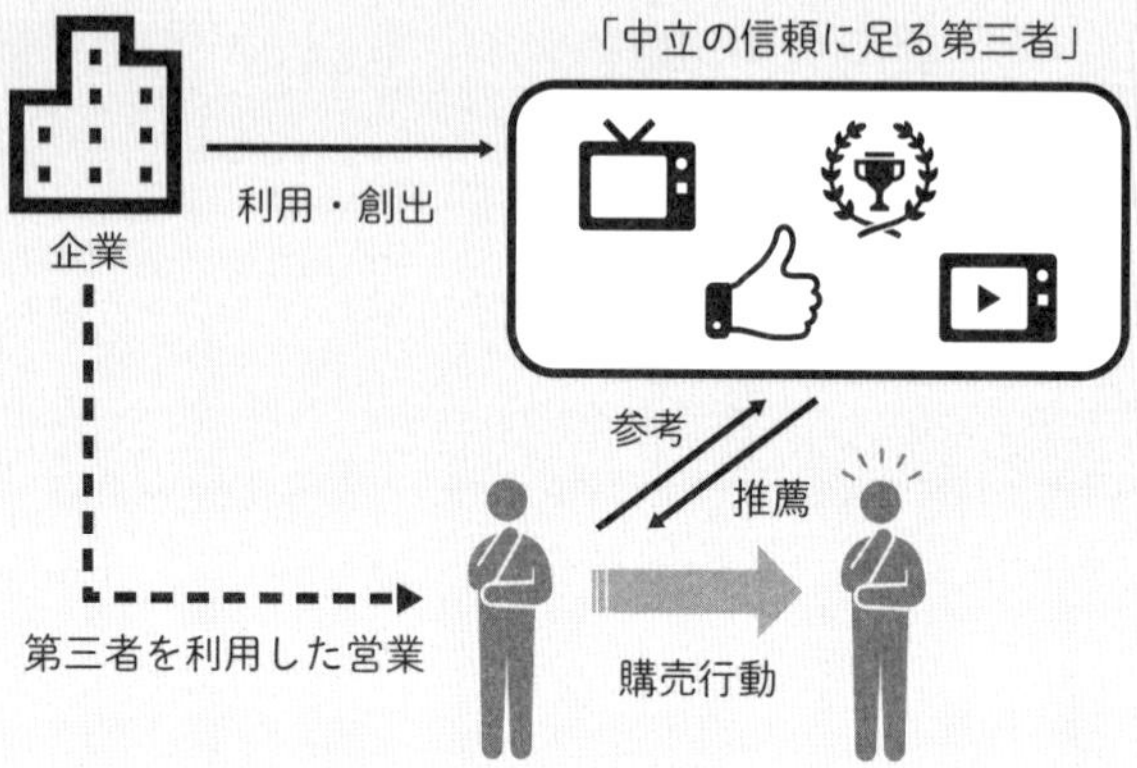

ソフトエンジニアのように自社ソフトの技能認定団体を外部に作るケースなどが、中立の信頼に足る第三者を利用した正統化戦略にあたります。

このことを参考にすると、婚活支援サービス業が業界団体としてクレジットスコアのように婚活スコアを算定する団体を作り、入会企業には同団体から認定されたスコアをサービスの提供にあたって利用してもらう、という新たな仕組みづくりが考えられます（図表13）。

学歴、職歴、年収、婚姻歴、家族構成、既往歴、ＢＭＩから容姿まで徹底的にスコア化して、男女ともに婚活に際して自身の婚活スコアを開示・閲覧が可能な検索システムを整える。そうすることで「こじらせ」「選り好み」を始めた時に、客観的な婚活ストアをもとに自身を「説得する」こと

図表13　婚活スコアによる正統化

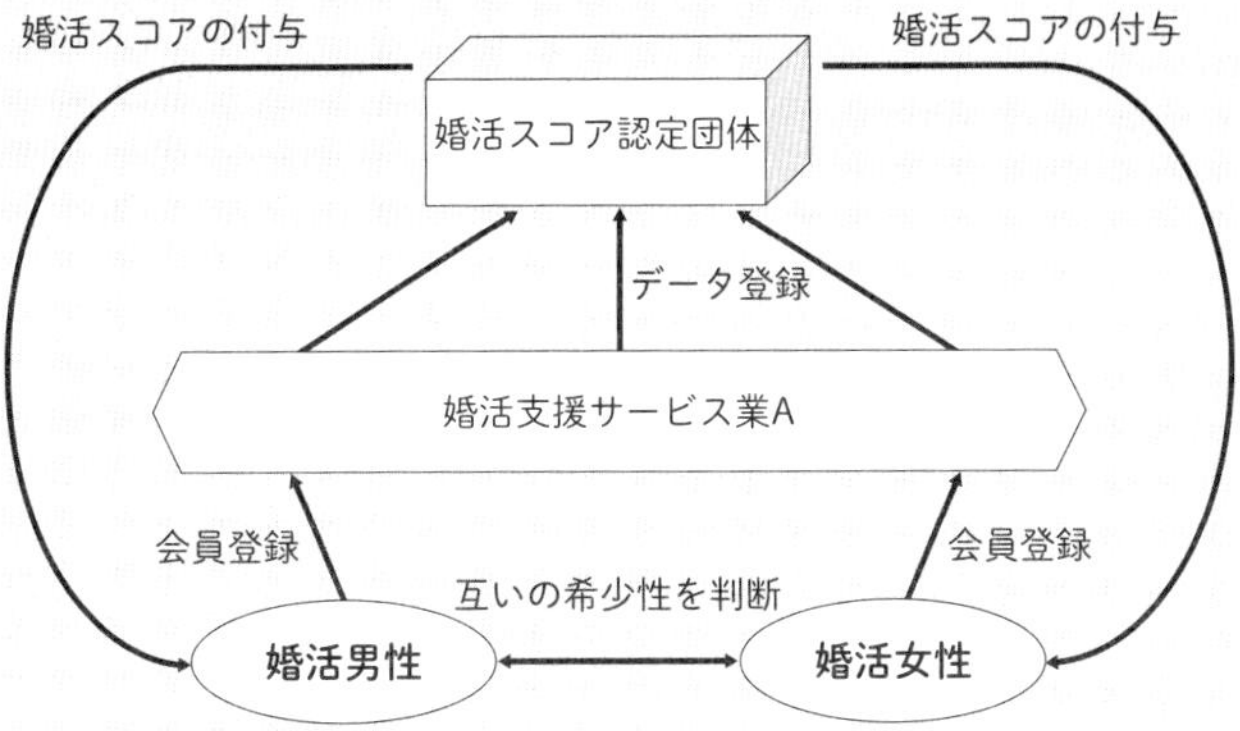
婚活スコアの付与
婚活スコアの付与
婚活スコア認定団体
データ登録
婚活支援サービス業A
会員登録
会員登録
互いの希少性を判断
婚活男性
婚活女性

が可能になると考えられます。例えば、たまたまスコアが高得点のハイスペック男性（しかも、当該女性との交際を望んでいる）と出会った女性が、「本当にこの人でいいのかしら？」とこじらせ始めたとき、婚活スコアという形で否応なく自分の価値と目前のチャンスの大きさを比較することが可能です。当然その際には、婚活支援サービス業側は、全未婚男性の中で○○位の男性、全婚活男性でも上位△%という具体的な数字を見せることも可能になります。いわば、第三者によって「これ以上の男性と出会える可能性はない」という客観的な事実を示し、女性（男性）が選択する可能性を意図的に狭めていくことで、交際→成婚ルートへと自発的に乗るように導いていくという考え方になります。

現在の婚活支援サービス業界では、各社が会員を抱え、それぞれの基準で会員をデータベース化して検索可能な状態にしています。婚活スコアを業界全体の統一指標として設定することで、目の前で出会った男性が「実は唯一無二の出会い」であることを、婚活女性に実感してもらうための仕組みであるといえます。少なくとも、担当者やカウンセラーの「こんな好条件の人はめったにいない」という言葉よりは信頼性が高く、女性側も自分の婚活スコアが明確に出ることで選り好みをしている場合ではないと自覚するという意味でも、効果的であると考えられます。

まずは、婚活スコアを策定するための、指標づくりを業界団体で取り組んでいくのはいかがでしょうか？

3 婚活支援サービス業に新しい仕組みはありえるのか？

3.1 「ショットガン」や「こじらせ」は物理的に予防できる

前節では婚活サービスにおけるボトルネックの解消方法として、男性が「ショットガン・アプローチ」を展開しない（できない）仕組み（＝婚活スコア）を作ることを提案しました。ここまで第1部から第3部で繰り返し指摘しているように、婚活市場で女性が「こじらせて」しまう原因は、男性側の「ショットガン・アプローチ」によって、女性が急激な「モテ体験」をしてしまうことにあります。だからといって、「相手をよく吟味して、マッチングの申込みをしましょう」といくら言葉を重ねて丁寧に説明したとしても、第2部、第3部において説明しているように、現在の婚活支援サービスの仕組み上、マッチング・アプリ、婚活パーティー、結婚相談所のすべてで「ショットガン・アプローチ」を行うことが男性にとって最適化された戦略になっている上、業界側からも「ショットガン・アプローチ」を根気よく続ける男性が「積極性のある男性」として評価されます。

この「ショットガン・アプローチ」を物理的に止める方法は、実は簡単です。マッチングの申込み回数の上限を引き下げるだけでなく、追加オプション費で上限を開放することができない状態にすることです。この場合、数社だけがこの上限規制を設けると、上限規制を設けない企業が優位になるため、業界全体で強制力を持つものとしてガイドラインやルールを策定する必要があるでしょう。

とはいえ、申込みの上限解放を実現する「追加オプション費」は企業にとって重要な収益源であるだけでなく、利用者側も上限が引き下げられると不満を感じることになります。特に、マッチング・アプリではマッチングの申込数が課金によって解放されない状態になると、容姿や年収で優位な強者男性が女性とのマッチングを独占する状態が加速し、多くの利用者が不満を感じることになると考えられます。

このように、「ショットガン・アプローチ」を物理的に止めるためには、婚活支援サービス業そのものの収益モデルを変えつつ、利用者の利便性を失わないビジネスモデルを考案する必要があると考えられます。

図表14　値付けマッチングの骨子

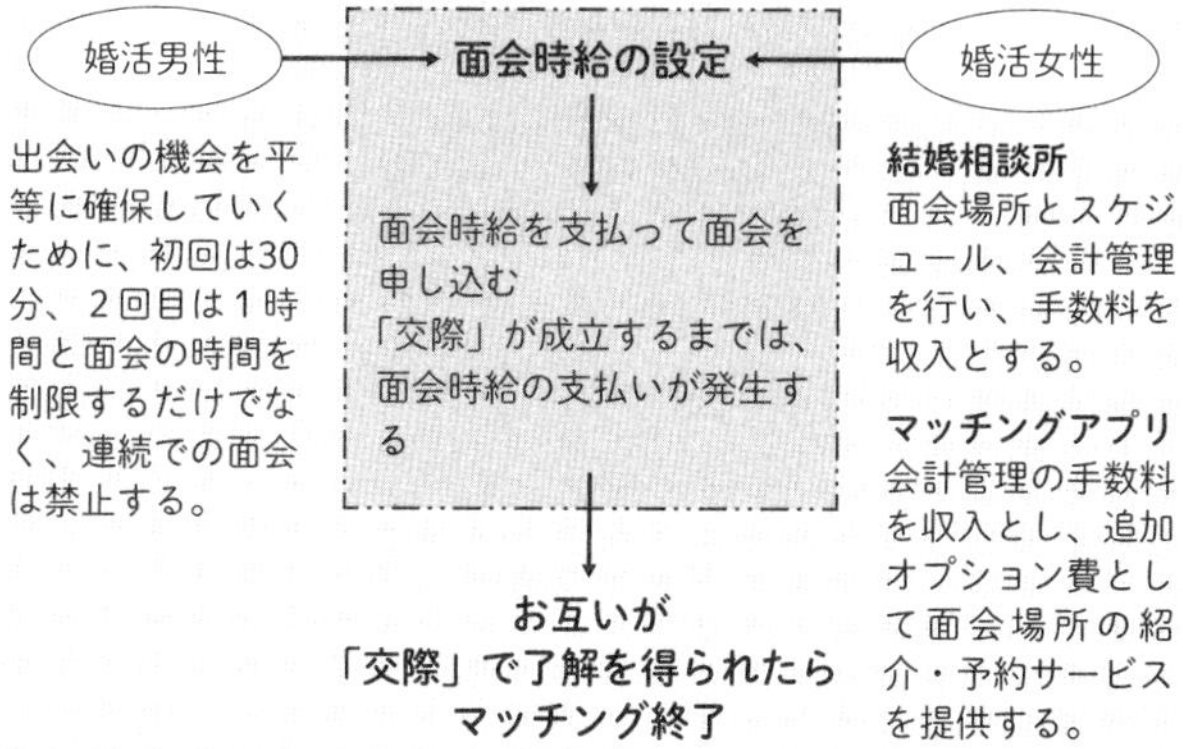
婚活男性
面会時給の設定
婚活女性
出会いの機会を平等に確保していくために、初回は30分、２回目は１時間と面会の時間を制限するだけでなく、連続での面会は禁止する。
面会時給を支払って面会を申し込む
「交際」が成立するまでは、面会時給の支払いが発生する
結婚相談所
面会場所とスケジュール、会計管理を行い、手数料を収入とする。
マッチングアプリ
会計管理の手数料を収入とし、追加オプション費として面会場所の紹介・予約サービスを提供する。
お互いが
「交際」で了解を得られたら
マッチング終了

3.2　値付けマッチング

ここで、収益モデルの変更を含んだ新しいビジネスモデルとして、本書が特に結婚相談所とマッチング・アプリに提案したいのが、「値付けマッチング」システムです。具体的には、図表14のような仕組みとなります

値付けマッチングでは、男女がそれぞれに自分の面会に必要な「面会時給」を設定することが核となります。出会いの機会が沢山欲しい人は時給を安価に設定し、出会いの機会を絞りたい人は高価に設定することになります。この値付けシステムの主たる狙いは、以下の3つになります。

第一に、物理的（金銭的）に男性側のショットガン・アプローチが不可能になる上、特に競争力の高い男性は面会時給の設定によって女性と出会

う機会をコントロールできるため、ショットガン・アプローチをしなくてもすむようになる。

第二に、自分の面会時給というかたちで、女性が否応なく自分の婚活市場内での価値を自覚せざるを得なくなることです。面会時給の設定を変えるごとに面会数が増減すれば、「もっといい人と出会い、選ばれるかも」という主観的な期待を信じて「選り好み」することを自重することが期待されます。

第三に、婚活支援サービス業が「マッチングの申込み」そのものを収益源にしない仕組みであることです。これにより、企業側が男性のショットガン・アプローチを煽る必要性はなくなると考えられます。

この値付けマッチングは、いわば市場の調整機能によって、婚活市場での欲望のエスカレートを防止することを期待する仕組みであるといえます。他方で、婚活市場での婚活男女の競争が加速されるため、それぞれの容姿的な魅力や経済力の差が露骨に婚活のパフォーマンスに影響した結果、結婚できる人とできない人の格差が、より鮮明に拡大していくリスクを孕んだ劇薬であるといえます。現実的には業界全体に普及するのでなく、ハイスペック男性と出会いたい女性のためのアプリや結婚相談所が取り入れると、ニッチな需要が生まれるビジネスモデルと考えられます。

3.3　ＡＩオートマッチングの可能性

前記のような、男性側からの「ショットガン・アプローチ」を物理的に禁止するサービスを提供する際には、ショットガン・アプローチが禁止されていることを超える利便性を男性に提供しないことには、企業としての競争優位や持続可能性が失われることになります。

他方で、第２部において指摘しているように、恋愛強者・恋愛弱者女性が「この人と交際したい・結婚したい」と決断する際の付加価値として、恋愛感情が発生しうる相手であることが共通して存在することを指摘しました。

ところが、婚活市場では異性を「条件」によって検索し、スペックの優劣で目の前の相手が交際相手・結婚相手として適しているか否かを比較評価していく中で、恋愛感情の取っ掛かりを見失ってしまうという問題が発生します。

そこで本書が提案したい新たなマッチングシステムが、下記の「ＡＩによるオートマッチング」です（図表15）。

このＡＩマッチングには、以下のような狙いがあります。

第一に、男性からのショットガン・アプローチが物理的に不可能なため、男女ともに一期一会の出会いを大切にせざるを得なくなります。また、女性側も受け取るメッセージの量が限ら

図表15　AIによるオートマッチング

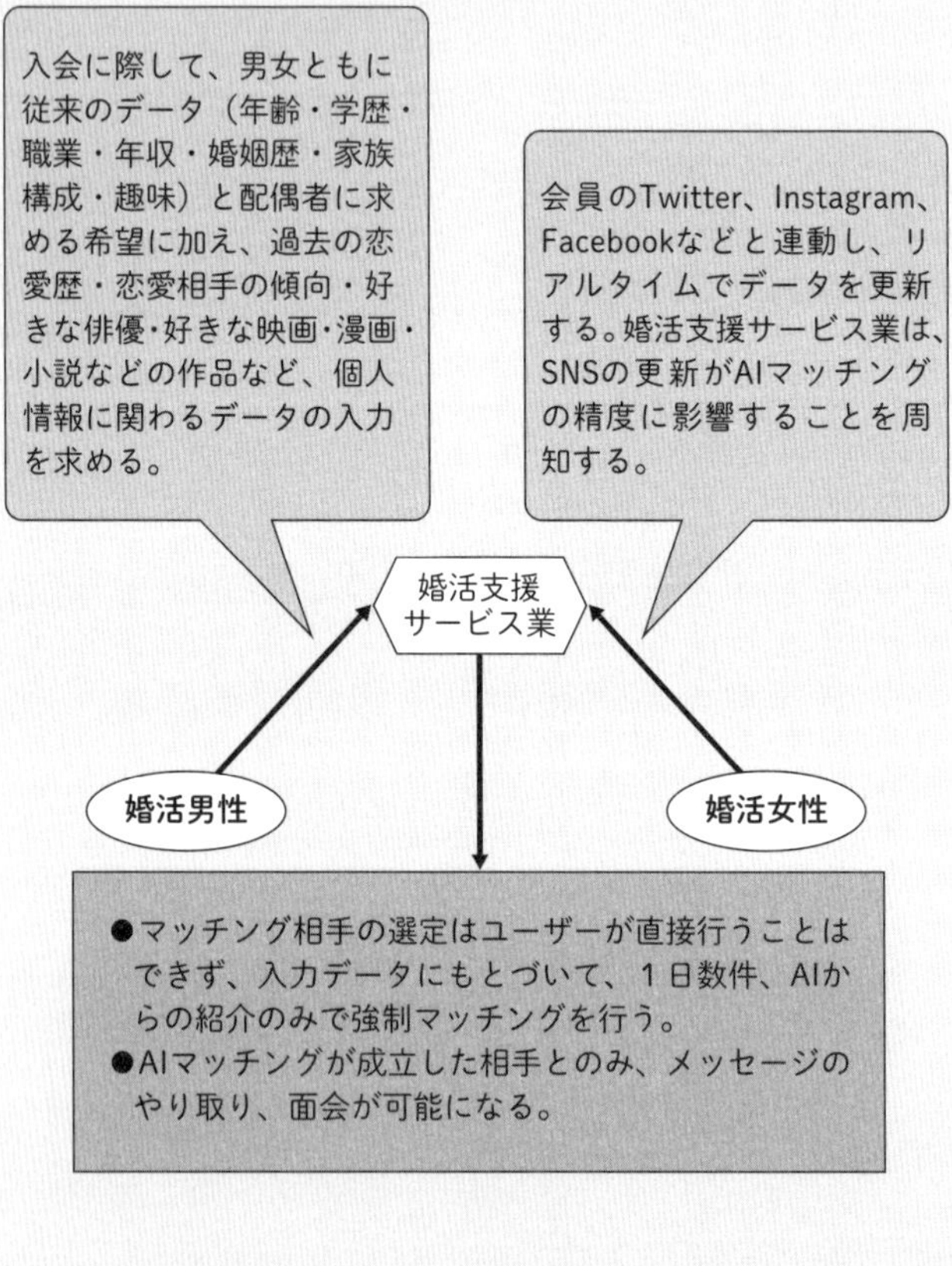
入会に際して、男女ともに従来のデータ（年齢・学歴・職業・年収・婚姻歴・家族構成・趣味）と配偶者に求める希望に加え、過去の恋愛歴・恋愛相手の傾向・好きな俳優・好きな映画・漫画・小説などの作品など、個人情報に関わるデータの入力を求める。
会員のTwitter、Instagram、Facebookなどと連動し、リアルタイムでデータを更新する。婚活支援サービス業は、SNSの更新がAIマッチングの精度に影響することを周知する。
婚活支援サービス業
婚活男性
婚活女性
●マッチング相手の選定はユーザーが直接行うことはできず、入力データにもとづいて、１日数件、AIからの紹介のみで強制マッチングを行う。
●AIマッチングが成立した相手とのみ、メッセージのやり取り、面会が可能になる。

れるので、急激なモテ体験でこじらせることなく、男性の人間性と向き合うことで、密なコミュニケーションが可能になることが期待されます。

第二に、ＡＩマッチングによって自分で条件を設定して探す相手では出てこない異性との出会いが期待されます。特に、ＡＩが良好なマッチングが可能であると判断したということは、メッセージのやり取りや面会の場で、「自分の求める条件を満たしているのか確認する」という態度ではなく、「お互いを人間として深く知ってみよう」という態度で臨むことが期待されます。

このＡＩマッチングは、システム的にマッチング・アプリでの展開が最も容易な仕組みであると考えられますが、結婚相談所での「お見合い相手選び」でも利用可能なだけでなく、婚活パーティーにも応用可能であると考えられます。

現在の婚活パーティーは、様々な参加条件が事前に設定され、参加者は自分に適合する各パーティーに登録し、参加していく方式です。例えば、ＡＩマッチングを婚活パーティーに応用するのであれば、まず参加者が企業に会員として登録し、ＡＩでマッチングが期待される男女を年齢や年収、職業に関係なく抽出し、招待状を出してパーティーを開催するというものが考えられます。この婚活パーティーは、「どんな属性の人が来るかわからないが、ＡＩで好相性と判断された相手と出会える」という性質のものになります。

この仕組みそのものは、現在のマッチング・アプリでもレコメンド（推薦）として実装されているものです。しかし重要なことは、従来の「この異性はいかがですか？」というレコメンドではなく、「AIによる強制的なマッチング」で、「自分で相手を選べない」ことです。これは、AIという近年急速に注目される新たな技術への期待と信頼感がある今だからこそ、受け入れられる可能性が高く、さらに技術発展とビッグデータの蓄積によってより精度の向上が期待されるシステムであるといえます。

さらに、AIマッチングの利点は、収益源を月会費やパーティー参加費とする、従来の収益システムを引き継げることです。また、AIからの紹介数を追加オプション費として課金することで、ショットガン・アプローチにならない程度で女性へのアプローチを増やすことが可能であることも企業にとっては魅力的なポイントであると考えられるでしょう。

AIマッチングシステムへのシステム開発投資コストという点で課題がありますが、政府が少子化対策でAIの利用を提唱していることを踏まえれば、助成金を獲得して事業展開を目指してみる価値はあるかもしれません。

おわりに

女性にとっての婚活2.0を目指したつもりで

オオノリサ

改めて、本書の目的を振り返って

本書は、高橋の前著『婚活戦略』を、女性側の視点からアップデートされた婚活市場の力学をもとに、婚活男性・婚活女性それぞれが現段階で実行可能な婚活戦略を明らかにしていくことを目指して、執筆がスタートしました。

これまで婚活女性に対しては、一方では書籍やSNSを中心に「婚活」＝「ハイスペック男性をゲットするための活動」と強調し、彼らから「モテる」ためのメイクやファッション、立ち居振る舞いやマインドセットの持ち方などを強調され、他方では主に婚活支援サービスの当事者から「現実を見ろ」と説教されるという、両極端なアドバイスが行われる傾向があったと思います。

とはいえ、卒業研究として婚活を体験した私の実感として、「ハイスペック男性をゲットする」ことを勧められることも、「現実を見ろ」と説教されることも、どちらも的外れで婚活女性の心には刺さっていないのでは、と感じていました。ただ、これらのアドバイスや説教がなぜ「心に刺さらない」と感じたのか、その原因はよくわからず、モヤモヤは残ったままでした。

この「モヤモヤ」の正体が「こじらせ」だとわかったのは、本書の執筆が始まり、月に数回ミーティングを重ねる中で、「「こじらせ」を中心に女性の婚活戦略を整理できるのではないか」という、高橋からの発言が契機でした。

女性は婚活市場で経験する急激なモテ体験から、「もっといい人がいるかもしれない」と「選り好み」をします。多くの人が批判し、説教の対象となっているのは、この「選り好み」です。

ところが、実際にハイスペック男性に手が届きそうになっても、「この人と結婚して（or 交際して）本当によいのだろうか」と思い悩んで、その結果、他にアテもないのにプロポーズ（交際申込み）を断ってしまうのも女心です。おそらくは、「経済面や容姿面でより良い条件」

を結婚・交際相手に求めているのではなく、「この人を愛して、交際・結婚してもいいという気持ちになれる決定打になる何か」を求めているのに、必死にアプローチしてくる男性を目の前にして「コレジャナイ」と思ってしまう気持ち……感覚的な表現になってしまいますが、この心情が「こじらせ」であり、「選り好み」とは本質的に別なのではと考えています。

この「こじらせ」を中心に置いて考えてみると、「ハイスペック男性を選ぶためにはコレ!」というアドバイスも、「選り好みをするな」という説教も、刺さらない理由がわかります。求めているものは「ハイスペック男性との理想の結婚生活」でもないし、条件だけを重視して選り好みをした結果として、自ら交際・結婚するチャンスを逃しているわけでもないのですから。

婚活市場の力学を、女性が知っておくことの意味

この「こじらせ」という心情は、女性は多かれ少なかれ日常的な出会いの中でも、発症させているものだと思います。しかし、婚活市場の持つ特有の力学は、「こじらせ」をあらぬ方向に強化して、私たちを交際・結婚から遠ざける強烈な引力を放っていることを、知っておく必要があるのではないでしょうか。

女性が婚活をしていく中で直面するのは、男性のショットガン・アプローチによる「強烈な

モテ体験」です。男性は女性とマッチングする可能性を少しでも上げるために「ショットガン・アプローチ」を繰り返します。そして、第2部で詳細に説明しているように、この「ショットガン・アプローチ」によって、婚活女性は今までの人生で経験したことのない「強烈なモテ体験」を経験し、目の前の男性を袖にし続ける「こじらせ」をより強化されたかたちで発症していくことになります。たとえ婚活市場の力学の中であらぬ方向に「こじらせて」しまったとしても、この心情は恋愛結婚をしようとする女性には避けることのできないものだと思います。重要なことは、自分が交際や結婚を前に「こじらせて」いることを自覚して、自分の感情や判断により納得して、いい男性を選べるように「こじらせ」と付き合っていくことではないでしょうか。

そのために本書では第3部において、多少乱暴な議論になることは承知の上で、恋愛強者／恋愛弱者という視点から女性の「こじらせ方」をパターン化して、その対処法を婚活戦略としてまとめて提案していくことを目指しました。

恋愛強者の女性は、自然発生する恋愛とは違った異性との関係構築に違和感を抱き婚活に疲れてしまう「恋愛重視派」と、恋愛に自信があるがゆえに「自分はもっといい人と結婚できるはず」と、過度な選り好みと高望みをしてしまう「玉の輿婚派」に分かれていきます。

一方、恋愛弱者の女性は、年収・職業等の条件が自分に合っている男性に、さらに今までの人生でなかった「恋愛」という付加価値を婚活に求めてしまい、恋ができる相手を探し彷徨ってしまう「付加価値追求派」と、結婚相手に求める条件が定まらぬまま婚活をスタートしてしまい、落とし所がわからずにずっと男性の比較を続けてしまう「婚活迷子派」に分かれていきます。

この4パターンの「こじらせ方」を踏まえたとき、「ハイスペック男性を捕まえるためにはコレ！」というアドバイスや「現実を見ろ」という説教が刺さるのは、「玉の輿婚派」の女性だけなのではないでしょうか。実は3/4の女性にとって、「ハイスペック男性を捕まえるためにはコレ！」というアドバイスや「現実を見ろ」という説教は、刺さらない（＝婚活の支援にもならない）ものになっているのかもしれません。

このことを踏まえた上で、本書では「こじらせない」ようにするのではなく、「こじらせを突き詰めた先に、交際から結婚へのルートに乗る」ために、女性は婚活市場の力学をどのように利用していけばいいのか、ということを重視して女性のための婚活戦略を考察していきました。

まず大切なことは、婚活市場の力学と自分自身が恋愛弱者／強者のどちらかを知った上で、どのような「こじらせ」を発症する可能性があるのかを知っておくことです。その上で、恋愛弱者と恋愛強者それぞれに適した婚活サービスを選択して婚活することで、婚活市場の力学を味方につけた「婚活の終わらせ方」が可能になると考えられます。

恋愛弱者にはまず、「婚活を終わらせる根拠」が必要となります。自分が結婚相手に求める確固たる条件を基準として持って婚活サービスを利用することが、納得できる男性と出会って交際から成婚へのルートに歩みを進める近道となります。男性を比較考量する基準を明確に持つことで、選り好みやダメ出しをしてしまう自分をコントロールするのです。その上で、「付加価値追求派」は条件に沿わない男性を一定数切り捨てつつ自身が納得いくまで「選り好み」を続けること、「婚活迷子派」は出会いとアドバイスの両方を提供してくれ、恋愛のフォローをしてくれる結婚相談所を活用することが婚活戦略になりうると考えられます。

恋愛強者においては、強者がなぜあえて婚活市場に参加する理由をまず明確にする必要があります。年を重ねたことで減った出会いや恋愛の機会を求めて参加するのか、収入も性格も外見も自分の理想とマッチする完璧な結婚を求めて参加するのかによって、戦い方が変わります。「恋愛重視派」は一般的な婚活サービスよりも、社会人サークルのように同好の趣味を持つ人たちが中長期的に人間関係を構築していくことを目的としたサービスを、「今までの生活では出会えなかった人」と出会う外部装置として利用していくほうが良い結果が得られると考えられます。「玉の輿婚派」は、辛辣ですが、年を重ねるごとに自分の婚活市場内での「市場価値」が減衰することをしっかりと受け止め、なるべく自分が若い側に属することのできる、他の女性よりも有利なポジションをゲットできる婚活サービスを利用することが重要です。例えば、婚活パーティーや結婚相談所では、年齢差5歳で出会いの場をセッティングされる場合が大半です。自分の年齢が上がるほどに自分の婚活市場においての価値は減衰することをしっかりと認識した上で、年齢差の比較で自分の価値が上昇するようなサービスを選ぶことが重要なるのではないでしょうか。

すべての婚活女性が、納得して交際・結婚できることを願って

現実的には、女性にとって婚活とは、自分の「魅力」を提供し、男性の「財力」と交換する取引を通じて、より良い人生を歩むためのキャリア・メイキングであると考えられます。婚活市場が成立したことで、一昔前と比べると容易に（かつ、人間関係というしがらみから、自分の持つ価値を不当にダンピングされることなく）その「魅力」をより多数の男性に売り込むことができ、理想的な結婚にたどり着く機会が増えたといえるでしょう。

しかし、日常的な男女の出会いのように「なんとなく」という態度で婚活に臨んでしまうと、男性が繰り出す「ショットガン・アプローチ」の中で気がつくと「こじらせて」しまい、結婚にたどり着く前に婚活沼にハマり込んで脱出できなくなってしまうかもしれません。そう考えると、なぜ自分は婚活市場に足を踏み入れるのか、婚活をしているうちに自分はどう「こじらせる」のか、その「こじらせ」と上手く付き合いつつ、いつまでに婚活を終わらせるのか。モテるためのファッションや立ち居振る舞いを学ぶ前に、そういった明確な思考と覚悟を持ってから婚活に挑むことが、これからの婚活女性に求められるのではないかと考えられます。

私自身、卒業論文の作成を兼ねた婚活をしている際は、「いい人と出会えたらいいな」という、とても曖昧な気持ちのもと婚活をスタートさせていました。振り返ってみると、私は「恋愛重視派」の恋愛強者（自分で言うのは気が引けますが）であり、「ここでは出会えなさそう（恋愛できなさそう）」と感じて婚活市場から撤退しました。気軽に始められるその気軽さこそが、私が婚活市場で失敗した理由だったと考えられます。

マッチング・アプリに登録する際、自分の男性に対する理想像や自分に対する価値付けで気が滅入ってしまうという経験をしました。しかし、婚活で一番大切なのは、この不可避に「こじらせる」自分自身と向き合うことであり、ここを疎かにすると、恋愛強者であろうと恋愛弱者であろうと、等しく婚活沼から抜け出せなくなる危険が伴います。

婚活市場は多数の男女が互いの価値を示し、少しでも価値を釣り上げて有利な取引（＝交際・結婚）を試みる自由競争の場というのが、目を背けることのできない現実です。婚活市場に参加するメリットやデメリット、自分が陥る可能性がある「こじらせ」の種類を十分に理解し、婚活途中にも時々自分自身を振り返ることが、婚活市場を勝ち抜くために一番大切なことだと、本書の執筆が終わった今、強く感じます。自分の魅力の最大化や男性の選り好みと妥協は、その次の段階の話でしかありません。

婚活市場や婚活サービスは、自分にとって最もいい形での結婚を実現できうる素晴らしい機会を与えてくれます。本書を読んで自身の婚活をより良いものとし、幸せな結婚を掴み取っていただけたら、これ以上にない幸いです。

Journal of Qualitative Studies in Education, 15(4), 399-406.
Ellis, C., & Bochner, A., (2000) Autoethnography, personal narrative, reflexivity. In N. K. Denzin & Y. S. Lincoln (Eds.), Handbook of qualitative research, 3rd ed., 733–768. Sage Publications.
Suchman, M.C. (1995). Managing legitimacy: Strategic and institutional approaches. Academy of management review, 20(3), 571-610.
Wyatt, J. (2008). No longer loss: Autoethnographic stammering. Qualitative Inquiry, 14(6), 955-967.
Zimmerman., Monica A., & Gerald J. Zeitz. (2002). Beyond survival: Achieving new venture growth by building legitimacy. Academy of management review, 27(3), 414-431.

引用文献一覧

荒川和久（2019）『結婚滅亡：「オワ婚」時代のしあわせのカタチ』あさ出版.

今井重男（2015）「江戸時代の結婚習俗とそのビジネス性」『千葉商大論叢』第52巻第２号、pp.17-31.

小澤千穂子・山田昌弘（2010）「結婚仲人の語りから見た「婚活」」山田昌弘（編）『婚活現象の社会学』東洋経済新報社、pp.65-80.

落合恵美子（2004）「歴史的に見た日本の結婚」『家族社会学研究』第15巻第２号、pp.39-51.

小林盾（2014）「結婚とソーシャル・キャピタル：何人と恋愛すれば結婚できるのか」辻竜平・佐藤嘉倫編『ソーシャル・キャピタルと格差社会』東京大学出版会、pp.91-104.

小林盾（2019）「若者の恋愛：誰が草食化したのか」小林盾・川端健嗣（編）『変貌する恋愛と結婚：データで読む平成』新曜社、pp.13-29.

小林盾・大崎裕子（2016）「恋愛経験は結婚の前提条件か：2015年家族形成とキャリア形成についての全国調査による量的分析」『成蹊人文研究』第24号、pp.1-15.

小林盾・能智千恵子（2016）「婚活における結婚の規定要因はなにか：婚活研究の視点から、えひめ結婚支援センターを事例とした量的分析」『理論と方法』Vol.31、No.1、pp.70-82.

阪井裕一郎（2009）「明治期「媒酌結婚」の制度化過程」『ソシオロジ』第54巻第２号、pp.89-105.

関内文乃（2010）「婚活ブームの二つの波：ロマンティック・ラブの終焉」山田昌弘（編）『婚活現象の社会学』東洋経済新報社、pp.121-160.

高橋勅徳（2021）『婚活戦略：商品化される男女と市場の力学』中央経済社.

谷本奈穂・渡邉大輔（2016）「ロマンティック・ラブ・イデオロギー再考：恋愛研究の視点から」『理論と方法』第31巻第１号、pp.55-69.

三島光世（2019）『「普通」の結婚が、なぜできないの？』WAVE出版.

山田昌弘編（2010）『婚活現象の社会学』東洋経済新報社.

山田昌弘（2016）「家族社会学、感情社会学の視点からのコメント」『理論と方法』Vol.31、No.1、pp.94-98.

山田昌弘・白河桃子（2008）『「婚活」時代』ディスカヴァー・トゥエンティワン.

山田昌弘・白河桃子（2009）『うまくいく！ 男の「婚活」戦略：何もしないと結婚できない』PHP研究所.

Adams, T. E. (2006). Seeking father: Relationally reframing a troubled love story. Qualitative Inquiry, 12(4), 704-723.

Ellis, C. (2002a). Shattered lives: Making sense of September 11th and its aftermath. Journal of contemporary Ethnography, 31(4), 375-410.

Ellis, C. (2002b). Being real: Moving inward toward social change. International

著者紹介

高橋 勅徳（たかはし　みさのり）

1974年愛媛県生まれ

学歴
1999年神戸大学大学院経営学研究科博士課程前期課程修了
2002年神戸大学大学院経営学研究科博士課程後期課程修了。博士（経営学）

職歴
沖縄大学法経学部専任講師（2002-2003年度）
滋賀大学経済学部准教授（2004-2008年度）
首都大学東京大学院社会科学研究科准教授（2009年-2017年度）
東京都立大学大学院経営学研究科准教授（2018年度-現在）

専攻
企業家研究、ソーシャル・イノベーション論

主要著書
高橋勅徳（2008）『企業家の社会的構成：起業を介した組織／集団の再生産と起業家精神』滋賀大学経済学部研究叢書
桑田耕太郎・松嶋登・高橋勅徳（2015）『制度的企業家』ナカニシヤ出版
高橋勅徳・木村隆之・石黒督朗（2018）『ソーシャル・イノベーションを理論化する：切り拓かれる社会企業家の新たな実践』文眞堂
高橋勅徳（2021）『婚活戦略：商品化する男女と市場の力学』中央経済社
高橋勅徳（2022）『大学教授がマッチングアプリに挑戦してみたら、経営学から経済学、マーケティングまで学べた件について。』クロスメディア・パブリッシング

受賞歴
2009年　第４回日本ベンチャー学会清成忠男賞本賞受賞
2019年　日本NPO学会 第17回日本NPO学会賞 優秀賞

オオノ リサ

2022年度、東京都立大学卒。仮名。都内企業勤務（2023年５月現在23歳）。

高橋勅徳ゼミ生。卒業論文で婚活のフィールドワークを行う。

書籍中、第Ⅰ部はオオノの卒論がベースになっている。また、第３部「婚活戦略　女性編」の議論は高橋とオオノの共作になる。

婚活との付き合いかた

婚活市場でこじらせないための行為戦略

2023年8月20日　第1版第1刷発行

著　者　高　橋　勅　徳
　　　　オ　オ　ノ　リ　サ

発行者　山　本　　継
発行所　㈱中央経済社
発売元　㈱中央経済グループパブリッシング
〒101-0051　東京都千代田区神田神保町1-35
電話　03（3293）3371（編集代表）
　　　03（3293）3381（営業代表）
https://www.chuokeizai.co.jp
印刷／東光整版印刷㈱
製本／誠　製　本　㈱

＊頁の「欠落」や「順序違い」などがありましたらお取り替えいたしますので発売元までご送付ください。（送料小社負担）
ISBN978-4-502-47031-8　C2034